DAS ULTIMATIVE KOCHBUCH FÜR IHREN DUTCH OVEN

100 EINFACHE MAHLZEITEN, DIE SIE IN IHREM DUTCH OVEN ZUBEREITENMIT 8 ZUTATEN ODER WENIGER

Beate Busch

Alle Rechte vorbehalten.

Haftungsausschluss

Die in diesem E-Book enthaltenen Informationen sollen als umfassende Sammlung von Strategien dienen, über die der Autor dieses E-Books recherchiert hat. Zusammenfassungen, Strategien, Tipps und Tricks werden nur vom Autor empfohlen, und das Lesen dieses E-Books garantiert nicht, dass die eigenen Ergebnisse genau den Ergebnissen des Autors entsprechen. Der Autor des E-Books hat alle angemessenen Anstrengungen unternommen, um den Lesern des E-Books aktuelle und genaue Informationen bereitzustellen. Der Autor und seine Mitarbeiter haften nicht für etwaige unbeabsichtigte Fehler oder Auslassungen. Das Material im E-Book kann Informationen von Dritten enthalten. Bei den Materialien Dritter handelt es sich um Meinungen ihrer Eigentümer. Daher übernimmt der Autor des E-Books keine Verantwortung oder Haftung für Materialien oder Meinungen Dritter.

Das E-Book unterliegt dem Urheberrecht © 2022, alle Rechte vorbehalten. Es ist illegal, dieses E-Book ganz oder teilweise weiterzuverbreiten, zu kopieren oder davon abgeleitete Werke zu erstellen. Kein Teil dieses Berichts darf in irgendeiner Form ohne schriftliche und unterzeichnete Genehmigung des Autors reproduziert oder weitergegeben werden.

INHALTSVERZEICHNIS

INHALTSVERZEICHNIS 3
EINFÜHRUNG 7
FRÜHSTÜCK 8
    1. Deutsche Pfannkuchen 9
    2. Dutch Oven Wurstfrühstück 11
    3. Gegrillter Käse aus dem holländischen Ofen 13
    4. Französischer Toast aus dem holländischen Ofen 15
    5. Holländische Ofenpfannkuchen 17
    6. Dutch Oven Pita Pockets 19
    7. Dutch Oven Country-Frühstück 21
    8. Dutch Oven Wurstauflauf 23
    9. Mountain Man Frühstück 25
    10. Dutch Oven Quiche ohne Kruste 27
    11. Frühstücksbrötchen 29
    12. Blaubeermuffins 31
    13. Dutch Oven Zimt Donuts 33
    14. Dutch Oven Pekannuss- und Karamellbrötchen 35
    15. Dutch Oven Australian Meat & Veggies 37
    16. Dutch Oven Quiche 39
    17. Dutch Oven Cheddar Mountain Man 41
    18. Dutch Oven Frühstücksauflauf 43
    19. Pita-Taschenfrühstück 45
    20. Dutch Oven Hash Brown Quiche 47
    21. Tolles Omelett Denver 49
    22. Maismehlbrei 51
    23. Gebratener Maismehlbrei 53
BROT 55
    24. Pariser Frühstücksbrot 56
    25. Portugiesisches frittiertes Brot 58
    26. Einfache Dutch Oven-Kekse 60
    27. Cream Soda Cracker 62

28. Bisquick-Maisbrot aus dem holländischen Ofen 64
29. Mexikanisches Maisbrot 66
30. Sesam-Zopfbrot 68
31. Dutch Oven Hefebrot 70
32. Französische Brötchen aus dem holländischen Ofen 72
33. Snake River Sticky Buns 74
34. Hausgemachte Kekse 77
35. Razorback-Maisbrot 79
36. Leckeres Maisbrot 81
37. Holländische Ofenbrötchen 83
38. Affenbrot im Dutch Oven 85
39. Zimt-Knockouts 87
40. Grundkekse aus dem Dutch Oven 89
41. Einfaches Maisbrot 91

PIZZA 93
42. Dutch Oven Pepperoni-Pizza 94
43. Peperoni-Pizza-Chili 96
44. Im Schmortopf gebackene Pizza 98
45. Dutch Oven Crescent Rollpizza 101
46. Dutch Oven Calzone 103
47. Dutch Oven Cheddar Pizza 105
48. Dutch Oven Bierpizzateig 107

VORSPEISEN 109
49. Blumenkohl- und Cheddar-Krapfen 110
50. Mit Käse gefüllte Kartoffelpuffer 112
51. Indische Kreuzkümmel-Curry-Pommes 114
52. Hackbraten-Burger 116
53. Dutch Oven Dessert-Burritos 118
54. Dutch Oven Taco-Kuchen 120
55. Dutch Oven Hackbraten mit grünen Bohnen 122
56. Ausgezeichneter Chile Relleno 124
57. Indischer Pemmikan 126
58. Wurstbällchen im Dutch Oven 128

SUPPEN, EINTÖTUNGEN UND CHILI 130

- 59. Italienische Minestrone-Suppe 131
- 60. Amerikanischer weißer Chili 133
- 61. Goldene Kürbissuppe mit knusprigem Salbei 135
- 62. Geröstete Tomatensuppe mit Butter 137
- 63. Hühnersuppe mit Pilzen 139
- 64. Mit Dutch Oven angereicherte Suppe 141
- 65. Goldene Kurkuma-Blumenkohlsuppe 143
- 66. Dutch Oven Katersuppe 145
- 67. Dutch Oven Shoyu-Brühe 147
- 68. Linsensuppe 149
- 69. Afrikanische Erdnusssuppe 151
- 71. Deutsche Kartoffelsuppe 155
- 72. Hamburger-Gemüsesuppe 157
- 73. Waldorf Astoria Eintopf 159
- 74. Dutch Oven Hackfleisch-Chili 161
- 75. Dutch Oven Texanisches Chili 163
- 76. Würziges Pintobohnen-Wurst-Chili 165
- 77. Dutch Oven Hackfleisch-Chili 167
- 78. Dutch Oven Schweinefleisch und grünes Chili 169
- 79. Chile-Relleno-Auflauf 171
- 80. Rindfleisch- und Gemüsesuppe 173
- 81. Dutch Oven Cowboy-Suppe 175
- 82. Kartoffeln und Brühe 177
- 83. Dutch Oven Hamburger-Eintopf 179
- 84. Dutch Oven Lasagnesuppe 181
- 85. Dutch Oven Chili 184
- 86. Dutch Oven rotes und grünes Chili 186
- 87. Niederländischer gebackener Hühnchenkuchen 188
- 88. Kartoffelsuppe 190
- 89. Hummerbiskuit aus dem holländischen Ofen 192

NACHSPEISEN 194

- 90. Ananas-Upside-Down-Kuchen 195

91. Dutch Oven Dump-Kuchen 197
92. Dutch Oven Apple Cookie Cobbler 199
93. Einfach holländischer Ofen-Schokoladenkuchen 201
94. Dutch Oven Pfirsichdessert 203
95. Dutch Oven Apfelchips 205
96. Dutch Oven Brombeerpudding 207
97. Dutch Oven-Ananas-Upside-Kuchen 209
98. Obstschuster in einem Dutch Oven 211
99. Dutch Oven Drei-Schokoladen-Kuchen 213
100. Dutch Oven Fruit Crisp 215
ABSCHLUSS **217**

EINFÜHRUNG

Hobbyköche wissen, dass der Dutch Oven der ursprüngliche Slow Cooker und der vielseitigste Topf in der Küche ist! Von herzhaften Gerichten bis zu süßen Desserts, von Suppen bis zu Eintöpfen oder dem perfekten Schmorbraten – der Dutch Oven ist Ihr unverzichtbares Küchengerät für Eintopfgerichte. In dieser Ergänzung zu ihrem Bestseller „Cast Iron Skillet Cookbook" bieten die Autoren mehr als 100 Rezepte für einfach zuzubereitende Rezepte für alle Gelegenheiten sowie umfassende Informationen zur Auswahl und Pflege Ihres Schmortopfs. Diese neue Ausgabe enthält im gesamten Buch Farbfotos und eine Vielzahl köstlicher Rezepte für köstliche Eintopfgerichte

Machen Sie das Beste aus Ihrem Dutch Oven mit klassischen und kreativen Rezepten

Vergessen Sie die zusätzlichen Töpfe und entdecken Sie all die verschiedenen Gerichte, die Sie mit einem einzigen Schmortopf zubereiten können. Dieser umfassende Leitfaden deckt alle Grundlagen ab, von wichtigen Reinigungstipps bis hin zu unzähligen köstlichen Rezepten.

Maximieren Sie Ihren Dutch Oven mit:

- 100 köstliche Rezepte – Entdecken Sie eine vielseitige Sammlung einfacher Abendessen unter der Woche, schneller Brote und Desserts.
- Umfassender Leitfaden – Erfahren Sie alles über den Kauf, das Kochen und die Reinigung Ihres Dutch Oven, damit Sie jahrelang Freude daran haben.
- Einfache Zutaten – Genießen Sie einfache Dutch Oven-Rezepte mit leicht zu findenden Zutaten.

.

FRÜHSTÜCK

Deutsche Pfannkuchen

GESAMTGARZEIT: 26 MINUTEN
PORTIONEN: 4
AUSRÜSTUNG: 12-ZOLL-DUTCH-OFEN

ZUTATEN:
¼ Teelöffel Salz
7 Esslöffel Butter
Milch, 1 Tasse
6 Eier
1 Tasse Mehl

RICHTUNGEN
26 Minuten backen.

ERNÄHRUNG
Kalorien: 209 · Kohlenhydrate: 17 g · Fett: 11 g · Protein: 11 g

Dutch Oven Wurstfrühstück

GESAMTGARZEIT: 60 MINUTEN
PORTIONEN: 4
AUSRÜSTUNG: 12-ZOLL-DUTCH-OFEN

ZUTATEN:
Salz, 1 Teelöffel
8 Eier
Gemahlene Wurst, 2 Pfund
9 Scheiben Brot ohne Kruste, gewürfelt
3 Tassen Milch
2 Tassen geriebener Cheddar-Käse

RICHTUNGEN
Wurst kochen und dann abtropfen lassen.
Milch, Eier, Brot und Salz verrühren.
Fügen Sie der Eimischung die Wurst und den Cheddar-Käse hinzu.
Befüllen Sie den Schmortopf mit den Zutaten und backen Sie ihn dann 60 Minuten lang mit 8 Kohlen unten und 16 Kohlen oben.

ERNÄHRUNG
Kalorien: 109, Fett: 8 g, gesättigtes Fett: 4 g, Kohlenhydrate: 2 g, Protein: 10 g

Gegrillter Käse aus dem holländischen Ofen

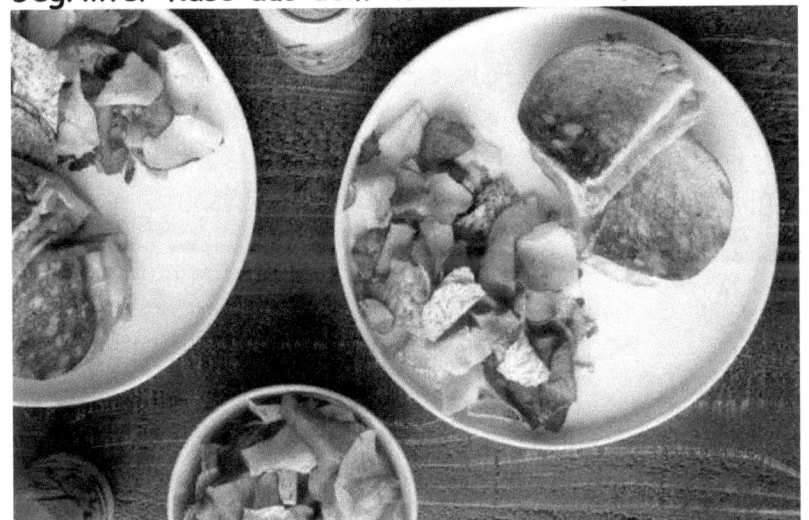

GESAMTE KOCHZEIT: 20 MINUTEN
PORTIONEN: 2
AUSRÜSTUNG: 12-ZOLL-DUTCH-OFEN

ZUTATEN:
4 Scheiben Brot
Provolone-Käse
1 Stange Butter

RICHTUNGEN
Jedes Stück Brot mit Butter bestreichen und mit dem Käse belegen, die restlichen Brotscheiben mit der Butterseite nach unten auf den Vorheizdeckel legen.
Umdrehen und grillen, bis es braun ist.

ERNÄHRUNG
Kalorien 860, Gesamtfett 61 g, gesättigtes Fett 34 g, Kohlenhydrate 44 g, Zucker 4 g, Ballaststoffe 1 g, Protein 32 g

Französischer Toast aus dem holländischen Ofen

GESAMTGARZEIT: 10 MINUTEN
PORTIONEN: 4
AUSRÜSTUNG: 12-ZOLL-DUTCH-OFEN

ZUTATEN:
1 Teelöffel Vanille
4 Eier
½ Tasse Milch oder halb und halb Brot
1 Teelöffel Zimt
Pflanzenöl und Papiertuch

RICHTUNGEN
Legen Sie die Abdeckung des Schmortopfs verkehrt herum über die Kohlen.
Den Deckel mit Pflanzenöl bestreichen.
Mit einem Mixer oder einer Gabel alle Zutaten vermischen, bis alles gut vermischt ist.
Das Brot mit der Mischung bestreichen.
Auf beiden Seiten auf einem Dutch Oven-Deckel 4 Minuten pro Seite backen oder bis sie goldbraun sind.

ERNÄHRUNG
Kalorien: 279, Zucker: 17 g, Natrium: 231 mg, Fett: 8 g, Kohlenhydrate: 36 g, Ballaststoffe: 3 g, Protein: 16 g

Holländische Ofenpfannkuchen

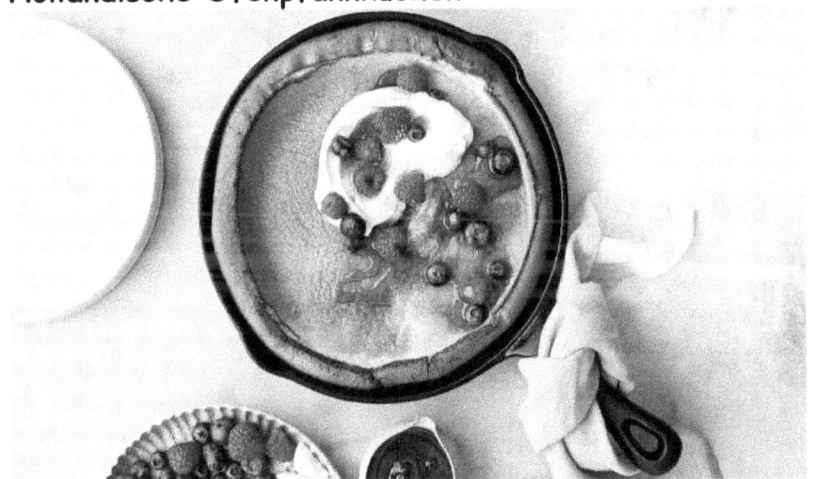

GESAMTE KOCHZEIT: 20 MINUTEN
PORTIONEN: 12-16 PFANNKUCHEN
AUSRÜSTUNG: 12-ZOLL-DUTCH-OFEN

ZUTATEN:
3 Teelöffel Backpulver
2 Tassen Mehl
2 Tassen Milch
Geschmolzene Butter, zwei Esslöffel
Salz, 1 Teelöffel
Pflanzenöl
1 Ei

RICHTUNGEN
Salz, Backpulver und Mehl vermischen.
Ei und Milch verrühren.
Mischen Sie die beiden Mischungen mit der geschmolzenen Butter.
Legen Sie einen gefetteten Dutch Oven-Deckel verkehrt herum über die Kohlen.
Den Teig in die Mitte der Grillplatte gießen.
Kochen, bis es Blasen bildet und oben gebräunt ist.
Nach dem Wenden die andere Seite anbraten.

ERNÄHRUNG
350 Kalorien; Protein 10g; Kohlenhydrate 36g; Ballaststoffe 3g; Fett 18g; gesättigtes Fett 10g

Dutch Oven Pita Pockets

GESAMTGARZEIT: 10 MINUTEN
PORTIONEN: 4
AUSRÜSTUNG: 12-ZOLL-DUTCH-OFEN

ZUTATEN
1 Zwiebel, gehackt
1 Knoblauchzehe
1 Pfund Wurst
Pita-Brot
12 geschlagene Eier
1 Paprika, gehackt
1 Glas Soße

RICHTUNGEN
Bereiten Sie den Dutch Oven vor.
Wurst mit Zwiebeln, Knoblauch und Pfeffer anbraten.
Rühre die Eier unter.
Füllen Sie die gekochte Mischung in die Pita-Taschen.

ERNÄHRUNG
Kalorien: 380, Fett 15,4 g, gesättigtes Fett 5,9 g, Natrium 756,6 mg, Kohlenhydrate 38,8 g, Ballaststoffe 4,6 g, Zucker 3,2 g, Protein 23,4 g

Dutch Oven Country-Frühstück

GESAMTGARZEIT: 10 MINUTEN
PORTIONEN: 4
AUSRÜSTUNG: 12-ZOLL-DUTCH-OFEN

ZUTATEN
1 Pfund große Schweinswurst, zerbröckelt
12 Eier
1 Schachtel Rösti-Kartoffeln
1 Tasse geriebener Cheddar-Käse

RICHTUNGEN
Die Schweinswurst im Dutch Oven schichten.
Kochen Sie die Wurst, bis sie gar ist, und bedecken Sie sie mit Wasser.
Die Kartoffelpüree dazugeben und kochen.
Die Wurst-Kartoffel-Kombination anbraten, bis die Kartoffeln gebräunt sind.
Machen Sie mit einem Löffel viele Vertiefungen auf der Oberfläche der Kartoffeln und schlagen Sie in jede Vertiefung zwei Eier auf.
Wenn das Eiweiß vollständig gar ist, streuen Sie Käse darüber und lassen Sie die Oberseite des Schmortopfs gerade so lange köcheln, bis der Käse schmilzt.

ERNÄHRUNG
Kalorien: 109, Fett: 8 g, gesättigtes Fett: 4 g, Kohlenhydrate: 2 g, Protein: 10 g

Dutch Oven Wurstauflauf

GESAMTGARZEIT: 10 MINUTEN
PORTIONEN: 4
AUSRÜSTUNG: 12-ZOLL-DUTCH-OFEN

ZUTATEN
2 Pfund Wurst
Salz, 1 Teelöffel
2 Eier
15 Unzen Cheddar-Käse, gerieben
8 Scheiben Brot
1 Teelöffel trockener Senf
4 Tassen Milch

RICHTUNGEN
Legen Sie einen Schmortopf mit Hochleistungsfolie aus und fetten Sie die Folie mit Butter ein.
Brechen Sie das Brot im Ofen.
Das Brühwurstbrät über das Brot streuen und mit Käse bestreuen.
Eier, Milch, Senf und Salz verquirlen.
Brot, Wurst und Käse im Ofen anrichten und die Eiermischung darüber gießen.
38 Minuten backen, dabei ab und zu kontrollieren.

ERNÄHRUNG
Kalorien 254, Fett 19,0 g, gesättigtes Fett 6 g, Natrium 644,4 mg, Kohlenhydrate 10,5 g, Ballaststoffe 0,5 g, Zucker 0,6 g, Protein 11,1 g

Bergmann-Frühstück

GESAMTE KOCHZEIT: 20 MINUTEN
PORTIONEN: 6
AUSRÜSTUNG: 12-ZOLL-DUTCH-OFEN

ZUTATEN
1 Zwiebel, in Scheiben geschnitten
1 Tasse Speck, in Scheiben geschnitten
Rösti, 5 Tassen
1 Tasse Cheddar-Käse, gerieben
12 Eier
1 Glas Soße

RICHTUNGEN
Speck und Zwiebel anbraten. Rösti hinzufügen.
14 Minuten kochen lassen oder bis die Eier fest werden.
Wenn alle Eier fest sind und der Käse geschmolzen ist, streuen Sie Käse über die Eimischung, decken Sie die Pfanne ab und erhitzen Sie sie einige Minuten lang weiter.

ERNÄHRUNG
Kalorien 254, Fett 19,0 g, gesättigtes Fett 6 g, Natrium 644,4 mg, Kohlenhydrate 10,5 g, Ballaststoffe 0,5 g, Zucker 0,6 g, Protein 11,1 g

0. Quiche ohne Kruste aus dem holländischen Ofen

GESAMTGARZEIT: 40 MINUTEN
PORTIONEN: 4
AUSRÜSTUNG: 12-ZOLL-DUTCH-OFEN

ZUTATEN
1/2 Tasse Butter
1/2 Tasse Mehl
2 Tassen Hüttenkäse
10 Eier
1 Teelöffel Backpulver
Milch, 1 Tasse
Frischkäse, 1/2 Tasse
Salz, 1 Teelöffel
Monterey-Jack-Käse, 1 Pfund
1 Teelöffel Zucker

RICHTUNGEN
Die Butter schmelzen und das Mehl hinzufügen; einige Minuten köcheln lassen.
Eier, Milch, Käse, Backpulver, Salz und Zucker vermischen.
40 Minuten bei 350 Grad backen.

ERNÄHRUNG
Kalorien: 177,6 kcal, Kohlenhydrate: 7,7 g, Protein: 10,9 g, Fett: 11,5 g, gesättigtes Fett: 5,1 g, Natrium: 315,7 mg, Ballaststoffe: 0,6 g, Zucker: 2,2 g

1. Frühstücksbrötchen

GESAMTGARZEIT: 40 MINUTEN
PORTIONEN: 6 DUTZEND
AUSRÜSTUNG: 12-ZOLL-DUTCH-OFEN

ZUTATEN
4 Eier
1 Liter Buttermilch
5 Tassen Mehl
2 Tassen Zucker
6 Tassen Rosinenkleie
6 Teelöffel Backpulver
Weiche Butter, 1 Tasse
2 Tassen kochendes Wasser

RICHTUNGEN
Mischen Sie Wasser und Backpulver.
Butter, Eier und Zucker verrühren und dann Buttermilch und Mehl hinzufügen.
Die Wassermischung hinzufügen und umrühren.
Die Rosinenkleie untermischen.
30 Minuten backen.

ERNÄHRUNG
Kalorien 182, Fett 11 g, gesättigtes Fett 4,1 g, Natrium 1.322 mg, Kohlenhydrate 2,2 g, Ballaststoffe 0 g, Protein 19 g

2. **Blaubeer-Muffins**

GESAMTGARZEIT: 15 MINUTEN
PORTIONEN: 4
AUSRÜSTUNG: 12-ZOLL-DUTCH-OFEN

ZUTATEN

2 Tassen Mehl
2 geschlagene Eier
1 Tasse Zucker
Milch, 1 Tasse
1 Tasse geschmolzene Butter
1 Teelöffel Muskatnuss
1 Esslöffel Backpulver
1 Tasse Blaubeeren
Salz, 1 Teelöffel
1 Tasse Mandeln, in Scheiben geschnitten
1 Löffel Zucker

RICHTUNGEN

Die trockenen Zutaten vermischen.
Milch, Butter und Eier verrühren.
Mischen Sie die beiden Mischungen und geben Sie die Blaubeeren hinein.
In Muffinformen füllen.
Mit 1 EL Zucker und Mandeln bestreuen.
14 Minuten bei 400 Grad backen.

ERNÄHRUNG

Kalorien: 108 kcal, Kohlenhydrate: 14,4 g, Protein: 6,3 g, Fett: 2,8 g, gesättigtes Fett: 1,9 g, Cholesterin: 23 mg, Natrium: 108 mg, Ballaststoffe: 0,6 g, Zucker: 7 g

3. Holländische Ofen-Zimt-Donuts

GESAMTGARZEIT: 10 MINUTEN
PORTIONEN: 4
AUSRÜSTUNG: 12-ZOLL-DUTCH-OFEN

ZUTATEN
Mehrere Tuben Kühlschrankkekse
Zucker-Zimt-Mischung
Speiseöl

RICHTUNGEN
Im Schmortopf das Speiseöl erhitzen.
Bereiten Sie die Kekse vor, indem Sie mit dem Daumen einen Ring daraus formen.
Geben Sie sie in das erhitzte Öl.
Nachdem Sie sie aus dem Öl genommen haben, bestreichen Sie sie mit der Zimt-Zucker-Mischung.

ERNÄHRUNG
Kalorien: 146 kcal | Kohlenhydrate: 26g | Protein: 5g | Fett: 9g | Gesättigtes Fett: 1g | Natrium: 223 mg | Faser: 6g | Zucker: 2g

4. Dutch Oven Pekannuss- und Karamellbrötchen

GESAMTGARZEIT: 10 MINUTEN
PORTIONEN: 4
AUSRÜSTUNG: 12-ZOLL-DUTCH-OFEN

ZUTATEN
Brauner Zucker, 1/2 Tasse
1 Esslöffel Rosinen
1 Tube Kühlschrankkekse, quarteriert
1 Tasse gehackte Walnüsse
1 Stück Butter
Eine Prise Zimt
1 Esslöffel Wasser

RICHTUNGEN
Butter, Zucker, Zimt und Wasser schmelzen, um Karamell herzustellen.
Walnüsse und Rosinen untermischen und die Karamellmischung unterrühren; rühren, bis es gleichmäßig verteilt ist.
Kekse goldbraun backen.

ERNÄHRUNG
378 Kalorien, 18 g Fett, 6 g Protein, 50 g Kohlenhydrate

5. Dutch Oven Australisches Fleisch und Gemüse

GESAMTGARZEIT: 10 MINUTEN
PORTIONEN: 4
AUSRÜSTUNG: 12-ZOLL-DUTCH-OFEN

FÜLLUNG:
2 Esslöffel Öl
1 Tasse kalt gekochtes Fleisch, gehackt
1 Tasse gemischtes Gemüse, gewürfelt

TEIG:
Milch, 1 Tasse
2 Tassen selbstaufgehendes Mehl
Prise Salz
1 Ei

RICHTUNGEN
Mehl, Salz und Ei in eine Schüssel geben und gut verrühren, dann nach und nach Milch hinzufügen, bis ein Teig entsteht.
Das gekochte Fleisch und Gemüse unterrühren.
Die Mischung sollte in einem Schmortopf in erhitztes Öl gegossen werden.
Sobald die Kanten fixiert sind, drehen Sie sie um.

ERNÄHRUNG
Kalorien 860, Gesamtfett 61 g, gesättigtes Fett 34 g, Kohlenhydrate 44 g, Zucker 4 g, Ballaststoffe 1 g, Protein 32 g

6. Holländische Ofenquiche

GESAMTGARZEIT: 40 MINUTEN
PORTIONEN: 12
AUSRÜSTUNG: 12-ZOLL-DUTCH-OFEN

ZUTATEN
1 Tasse Champignons, in Scheiben geschnitten
1 Pfund Speck oder Wurst, gehackt
3 Tassen Vollmilch
1 Tasse Zwiebel, gewürfelt
2 Tassen geriebener Käse
1 Teelöffel Pfeffer
1 Tasse grüne Paprika, gehackt
6 Eier
2 Tassen Bisquick
Salz, 1 Teelöffel

RICHTUNGEN
Den Speck anbraten.
Pilze, Zwiebeln und grüne Paprika anbraten; Etwas Käse darüber reiben.
Bisquick, Milch, Eier, Salz und Pfeffer vermischen und darüber gießen.
32 Minuten goldbraun backen.

ERNÄHRUNG
Kalorien: 939 kcal, gesättigtes Fett: 27 g, Fett: 67 g, Protein: 49 g, Kohlenhydrate: 36 g, Zucker: 10 g, Ballaststoffe: 3 g, Cholesterin: 304 mg

7.   Dutch Oven Cheddar Mountain Man

GESAMTGARZEIT: 10 MINUTEN
PORTIONEN: 12
AUSRÜSTUNG: 12-ZOLL-DUTCH-OFEN

ZUTATEN
Prise Salz und Pfeffer
2 Pfund Rösti, zerkleinert
Speck, 1 Pfund
1 Packung Weichwürste
6 Eier
1/2 Tasse Milch
1 Tasse Cheddar-Käse, gerieben

RICHTUNGEN
Den Speck und die Wurst in einem Schmortopf zubereiten.
Fügen Sie die Rösti hinzu.
Milch, Eier, Salz und Pfeffer hinzufügen und halbfest kochen.
Mit Käseaufstrich darüber backen.

ERNÄHRUNG
Kalorien 254, Fett 19,0 g, gesättigtes Fett 6 g, Natrium 644,4 mg, Kohlenhydrate 10,5 g, Ballaststoffe 0,5 g, Zucker 0,6 g, Protein 11,1 g

8. Dutch Oven Frühstücksauflauf

GESAMTGARZEIT: 40 MINUTEN
PORTIONEN: 8-10
AUSRÜSTUNG: 12-ZOLL-DUTCH-OFEN

ZUTATEN
4 Tassen Wurst
15 Unzen Cheddar-Käse, gerieben
Salz, 1 Teelöffel
12 Eier
8 Scheiben Brot
1 Liter Milch
1½ Teelöffel trockener Senf

RICHTUNGEN
Brechen Sie das Brot im Ofen.
Das Brühwurstbrät über das Brot streuen und mit Käse bestreuen.
Brot, Wurst und Käse im Ofen anrichten.
Eier, Milch, trockenen Senf und Salz untermischen.
Abdecken und 40 Minuten backen.

ERNÄHRUNG
Kalorien 254, Fett 19,0 g, gesättigtes Fett 6 g, Natrium 644,4 mg, Kohlenhydrate 10,5 g, Ballaststoffe 0,5 g, Zucker 0,6 g, Protein 11,1 g

9. Pita-Taschenfrühstück

GESAMTE KOCHZEIT: 20 MINUTEN
PORTIONEN: 6
AUSRÜSTUNG: 12-ZOLL-DUTCH-OFEN

ZUTATEN
2 Tassen Wurst
2 Esslöffel Olivenöl
Pita-Brot
1 Paprika, gewürfelt
1 Glas Soße
1 Knoblauchzehe, gehackt
1 Zwiebel, gehackt
12 geschlagene Eier

RICHTUNGEN
Die Wurst anbraten und dann mit Zwiebeln, Knoblauch und Pfeffer anbraten. Eier hinzufügen.
Zusammen mit der Sauce in die Pita-Taschen geben.

ERNÄHRUNG
Kalorien: 380, Fett 15,4 g, gesättigtes Fett 5,9 g, Natrium 756,6 mg, Kohlenhydrate 38,8 g, Ballaststoffe 4,6 g, Zucker 3,2 g, Protein 23,4 g

Dutch Oven Hash Brown Quiche

GESAMTKOCHZEIT: 1 STUNDE
AUSRÜSTUNG: 12-ZOLL-DUTCH-OFEN
PORTIONEN: 6

ZUTATEN

Milch, 1 Tasse
1 Tasse heißer Käse, gerieben
3 Eier
1 Teelöffel Gewürzsalz
2 Tassen Schweizer Käse, gerieben
Prise Pfeffer
1 Tasse Butter, geschmolzen
2 Tassen gekochter Schinken, gewürfelt
36 Unzen. Kartoffeln, gekocht und püriert

RICHTUNGEN

Dutch Oven sollte gefettet werden.
Schaffen Sie vor dem Backen eine stabile Kruste auf den Kartoffeln, indem Sie geschmolzene Butter auf die Kruste streichen.
Backen Sie das Gericht etwa 25 Minuten lang bei hoher Temperatur (200 °C).
Mit Käse und Schinken belegen.
Gießen Sie die geschlagenen Eier, die Milch und die Gewürze über den Schinken und den Käse.
Etwa 35 Minuten lang backen, bis es fest ist.

ERNÄHRUNG

338 Kalorien; Eiweiß 14,4 g; Kohlenhydrate 15,9 g; Fett 28,9 g; Cholesterin 127,5 mg; Natrium 793 mg.

1. Tolles Omelett Denver

GESAMTE KOCHZEIT: 20 MINUTEN
PORTIONEN: 6
AUSRÜSTUNG: 12-ZOLL-DUTCH-OFEN

ZUTATEN
20 Eier, geschlagen
1 Pfund Schinken, gewürfelt
1 Pfund geriebener Käse
1 Pfund Speck, gehackt
1 Zwiebel, gewürfelt
1 Paprika gehackt
8 Unzen. Pilze

RICHTUNGEN
Der Dutch Oven sollte auf etwa 400 Grad erhitzt werden.
Den Speck anbraten und dann den Schinken hinzufügen.
abdecken und etwa drei Minuten backen.
Zwiebeln, Paprika und Eier hinzufügen und 3 Minuten kochen lassen.
Die Pilze hinzufügen.
Bei Oberhitze etwa 16 Minuten backen.
Nach fünf Minuten mit Käse belegen.

ERNÄHRUNG
488 Kalorien; Protein 30g; Kohlenhydrate 5g; Fett 40g

2. **Maismehlbrei**

GESAMTE KOCHZEIT: 20 MINUTEN
PORTIONEN: 4
AUSRÜSTUNG: 12-ZOLL-DUTCH-OFEN

ZUTATEN
1 Liter kochendes Wasser
Prise Salz
1 Tasse Maismehl

RICHTUNGEN
Geben Sie das Maismehl in heißes Salzwasser.
Unter ständigem Rühren 20 Minuten kochen lassen.

ERNÄHRUNG
Kalorien: 151kcal | Kohlenhydrate: 25g | Protein: 4g | Fett: 3g | Gesättigtes Fett: 1g | Natrium: 262 mg

3. Gebratener Maisbrei

GESAMTE KOCHZEIT: 20 MINUTEN
PORTIONEN: 4
AUSRÜSTUNG: 12-ZOLL-DUTCH-OFEN

ZUTATEN
1 Portion Maismehlbrei
Mehl
1 Esslöffel Öl

RICHTUNGEN
SchimmelDen Brei verteilen und anschließend kühl stellen. Scheiben schneiden und in Öl goldbraun braten.

ERNÄHRUNG
Kalorien: 150kcal | Kohlenhydrate: 25g | Protein: 4g | Fett: 3g | Gesättigtes Fett: 1g | Cholesterin: 4 mg | Natrium: 262 mg | Kalium: 166 mg | Ballaststoffe: 2g | Zucker: 2g

BROT

24. Pariser Frühstücksbrot

GESAMTE KOCHZEIT: 20 MINUTEN
PORTIONEN: 4-6
AUSRÜSTUNG: 12-ZOLL-DUTCH-OFEN

ZUTATEN
1 Tasse Sahne
1 Tasse Vollmilch
1 Teelöffel Zitronenschale
Eine Prise Zimt
1 Löffel Zucker
4 Eier
1 Teelöffel Vanille
6 Scheiben altbackenes Brot, in Scheiben geschnitten
Puderzucker zum Bestäuben
¼ Tasse Kristallzucker
Prise Muskatnuss

RICHTUNGEN
Öl auf 375 °F erhitzen.
Eier, Sahne, Milch, Vanille, Zitronenschale und 1 Esslöffel Zucker verquirlen und die Eiermischung über die Brotscheiben in einer Pyrex-Form gießen.
Drehen Sie die Scheiben nach fünf Minuten um, um die andere Seite zu bedecken.
Legen Sie die Stücke in das Öl und braten Sie sie pro Seite eine Minute lang.
Zimt, Muskatnuss und Puderzucker entfernen und über das Brot streuen.

ERNÄHRUNG
130 Kalorien, 25 g Kohlenhydrate, 0,5 g Fett, 6 g Protein

25. Portugiesisches frittiertes Brot

GESAMTE KOCHZEIT: 20 MINUTEN
PORTIONEN: 20
AUSRÜSTUNG: 12-ZOLL-DUTCH-OFEN

ZUTATEN
Öl zum braten
3 Teelöffel Backpulver
½ Teelöffel Salz
Zimt, 2 Esslöffel
2 Tassen Allzweckmehl
2 Esslöffel Zucker
Ein Spritzer Honig
Milch, 1 Tasse
¼ Tasse Zucker

RICHTUNGEN
Alles außer Zucker und Zimt vermischen.
In 20 Kugeln teilen und auf einer bemehlten Fläche ausrollen.
Die Teigstücke in einem Schmortopf backen, bis sie insgesamt 5 Minuten lang goldbraun sind.
Mit der Zucker-Zimt-Mischung bestreuen.

ERNÄHRUNG
Kalorien 101, Protein 1 g, Kohlenhydrate 12 g, Fett 5 g, gesättigtes Fett 1 g, Ballaststoffe 0 g, Cholesterin 0 mg, Natrium 233 mg

26. **Einfache holländische Ofenkekse**

GESAMTGARZEIT: 15 MINUTEN
PORTIONEN: 2
AUSRÜSTUNG: 12-ZOLL-DUTCH-OFEN

ZUTATEN:
½ Tasse Wasser
2 Tassen Backmischung

RICHTUNGEN
Mischen Sie die trockene Backmischung mit Wasser.
Den Teig auf einer mit Mehl bestäubten Fläche ausrollen und Keksstücke ausstechen.
Ölen Sie den Dutch Oven nur ein wenig ein und backen Sie die Kekse dann 10 Minuten lang mit 8 Kohlen unten und 18 Kohlen oben.

ERNÄHRUNG
Kalorien: 172 kcal, gesättigtes Fett: 5 g, Fett: 8 g, Protein: 2 g, Kohlenhydrate: 24 g, Natrium: 59 mg, Zucker: 15 g, Ballaststoffe: 1 g, Cholesterin: 20 mg

27. Sahne-Soda-Cracker

GESAMTE KOCHZEIT: 25 MINUTEN
PORTIONEN: 4
AUSRÜSTUNG: 12-ZOLL-DUTCH-OFEN

ZUTATEN:
1/3 Tasse Öl
4 Tassen selbstaufgehendes Mehl
12-Unzen-Dose Sahnesoda

RICHTUNGEN
Alle Zutaten vermischen und gut durchkneten; Den Teig ausrollen.
Verwenden Sie zum Ausstechen eine saubere, offene Suppendose oder einen Keksausstecher.
Die Kekse in einen gefetteten Schmortopf geben und 25 Minuten backen.
Platzieren Sie unten 10 Kohlen und oben 16.

ERNÄHRUNG
Kalorien: 68kcal | Kohlenhydrate: 11g | Protein: 2g | Fett: 2g | Gesättigtes Fett: 1g | Cholesterin: 4 mg | Natrium: 6 mg | Kalium: 62 mg | Ballaststoffe: 1g | Zucker: 1g

28. Bisquick-Maisbrot aus dem holländischen Ofen

GESAMTGARZEIT: 30 MINUTEN
AUSRÜSTUNG: 10-ZOLL-DUTCH-OFEN
PORTIONEN: 4

ZUTATEN:

2 Eier
6 Esslöffel Maismehl
2 Tassen Bisquick
1 Teelöffel Soda
2/3 Tasse Zucker
½ Tasse Öl
Milch, 1 Tasse
3 Esslöffel Mehl

RICHTUNGEN

Alle Zutaten sollten vor dem Backen bei 350 Grad für 30 Minuten glatt gemixt werden.

ERNÄHRUNG

Kalorien: 255 kcal, Kohlenhydrate: 34 g, Protein: 7 g, Fett: 11 g, gesättigtes Fett: 7 g, Ballaststoffe: 3 g, Zucker: 3 g

29.   Mexikanisches Maisbrot

GESAMTE KOCHZEIT: 20 MINUTEN
PORTIONEN: 5-6
AUSRÜSTUNG: 10-ZOLL-DUTCH-OFEN

ZUTATEN:

½ Teelöffel Salz
2 gut geschlagene Eier
½ Teelöffel Backpulver
¼ Tasse Milch
1 Tasse Maismehl
1,2 Pfund geriebener Käse
1 Zwiebel, gewürfelt
1/3 Tasse Butter oder geschmolzene Butter
17-Unzen-Dose Rahmmais
4 Unzen Dose grüne Chilis

RICHTUNGEN

Alles außer Chilis und Käse vermischen.
Den Schmortopf mit Butter bestreichen.
Einige der Maisbrotmischungen im Schmortopf schichten.
Geben Sie alle Chilis darauf, nachdem Sie die Hälfte des geriebenen Käses hinzugefügt haben.
Der restliche Käse sollte über die restliche Maismehlmischung gestreut werden.
Lassen Sie es 30 Minuten bei 350 Grad backen.

ERNÄHRUNG

Kalorien: 255 kcal, Kohlenhydrate: 34 g, Protein: 7 g, Fett: 11 g, gesättigtes Fett: 7 g, Ballaststoffe: 3 g, Zucker: 3 g

30. Sesam-Zopfbrot

GESAMTE KOCH-/Zubereitungszeit: 35 MINUTEN
PORTIONEN: 10-12
AUSRÜSTUNG: 12-ZOLL-DUTCH-OFEN

ZUTATEN:

Salz, 1 Teelöffel
1 Tasse heiße Milch
2 Tassen warmes Wasser
5 Tassen Mehl
3 Esslöffel Zucker
1 Eiweiß, geschlagen
Trockenhefe, ½ Esslöffel
2 Esslöffel Butter
1/3 Tasse Öl
4 Tassen Mehl

RICHTUNGEN

Die Milch sollte erhitzt werden, bis an den Rändern der Pfanne Blasen entstehen, und dann Wasser, Zucker und Hefe hinzufügen.
Mehl, Öl und Salz hinzufügen.
Gründlich mischen und gut durchkneten.
Lassen Sie es 1 Stunde gehen und verdoppeln Sie sein Volumen.
Holländisch zu einem Zopf arrangieren, dann mit geschlagenem Eiweiß bestreichen und mit Sesamkörnern bestäuben.
Aufstehen zulassen.
35 Minuten bei 350 Grad backen.

ERNÄHRUNG

89 Kalorien, 2 g Fett, 0 gesättigtes Fett, 14 g Kohlenhydrate, 4 g Protein

31. Dutch Oven Hefebrot

GESAMTKOCHZEIT: 25 MINUTEN
PORTIONEN: 6
AUSRÜSTUNG: 12-ZOLL-DUTCH-OFEN

ZUTATEN:
1 Packung Trockenhefe
Salz, 1 Teelöffel
1 Ei
2 Esslöffel Zucker
1 Tasse warmes Wasser
2 Esslöffel Butter oder Öl
3 Tassen Mehl

RICHTUNGEN
Hefe in Zuckerwasser auflösen.
Salz untermischen.
Butter, Ei und Mehl hinzufügen.
25 Minuten backen, davon 8 Minuten auf der Unterseite und 14 Minuten auf der Oberseite, bis sie goldbraun sind.

ERNÄHRUNG
Kalorien: 188kcal | Kohlenhydrate: 39g | Protein: 6g | Fett: 1g | Gesättigtes Fett: 1g | Natrium: 437 mg, Ballaststoffe: 2 g | Zucker: 1g

32. Französische Brötchen aus dem holländischen Ofen

GESAMTE KOCHZEIT: 20 MINUTEN
PORTIONEN: 12 ROLLEN
AUSRÜSTUNG: 12-ZOLL-DUTCH-OFEN

ZUTATEN:
2 Esslöffel Butter
2 Teelöffel Hefe
2 Tassen Wasser
4 Tassen Mehl
1 Löffel Zucker
1 Esslöffel Sesamkörner
Salz, 1 Teelöffel

RICHTUNGEN
Lösen Sie eine halbe Tasse warmes Wasser mit Hefe und Zucker auf, bis es zu sprudeln beginnt.
Das restliche Wasser im Schmortopf mit Salz und Butter würzen.
Mehl und die Hefemischung hinzufügen.
Der Teig sollte auf eine klare, leicht abgestaubte Tischplatte gelegt werden.
Eine halbe Stunde gehen lassen.
Zu Kugeln formen.
Legen Sie die Kugeln in einen Schmortopf, nachdem Sie sie in geschmolzene Butter getaucht haben.
Sesam darüber streuen.
Sobald sich das Volumen verdoppelt hat, abdecken und gehen lassen.
Platzieren Sie beim Backen etwa 15 Kohlen oben und 6 Kohlen unten.
Wenn die Brötchen goldbraun sind, bestreichen Sie die Oberfläche mit Butter und servieren Sie sie.

ERNÄHRUNG
Kalorien: 171kcal | Kohlenhydrate: 33g | Protein: 5g | Fett: 2g | Gesättigtes Fett: 1g | Natrium: 293 mg | Kalium: 47 mg | Ballaststoffe: 1g | Zucker: 1g

33.   Snake River Klebrige Brötchen

GESAMTE KOCHZEIT: 20 MINUTEN
PORTIONEN: 12
AUSRÜSTUNG:10-Zoll- und ein 12-Zoll-Dutch-Ofen

ZUTATEN:
UNTERE MISCHUNG:
Milch, 1 Tasse
1 geschlagenes Ei
½ Tasse) Zucker
¼ Tasse warmes Wasser
Salz, 1 Teelöffel
1 Esslöffel Trockenhefe
¼ Tasse Butter
3 Tassen Mehl

FÜLLUNG:
½ Tasse brauner Zucker
½ Tasse gehackte Datteln oder Rosinen
1 Tasse gehackte Walnüsse
½ Tasse Butter, geschmolzen
½ Tasse geschmolzene Butter
1 Tasse brauner Zucker
Zimt, 1 Esslöffel
1 Teelöffel Vanille

RICHTUNGEN
Rühren Sie die Hefe in das warme Wasser, damit sie sich auflöst.
Erhitzen Sie die Milch in einem Schmortopf, bis sie Blasen wirft.
Salz, Butter, Zucker, Ei, Mehl, Butter, braunen Zucker und Vanille hinzufügen.
Diese Mischung in einem Schmortopf verteilen und mit Walnüssen belegen.
Nachdem Sie den Teig ausgerollt haben, bestreichen Sie ihn mit zerlassener Butter.

Mit braunem Zucker, Zimt und Datteln oder Rosinen belegen.
Das Gelee von der Längsseite her zu einer Rolle rollen.
Aus der Rolle 12 Scheiben formen.
Die Scheiben im Schmortopf anrichten und aufgehen lassen.

ERNÄHRUNG
Kalorien 101, Protein 1 g, Kohlenhydrate 12 g, Fett 5 g, gesättigtes Fett 1 g, Ballaststoffe 0 g, Cholesterin 0 mg, Natrium 233 mg

4. Hausgemachte Kekse

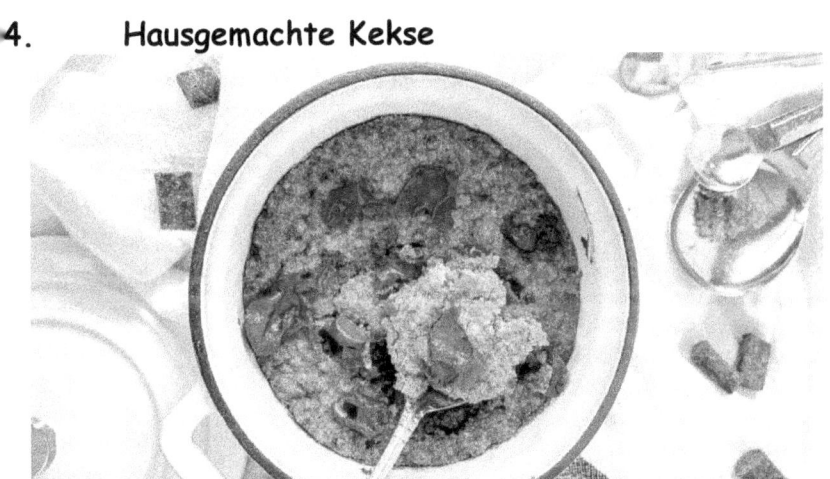

GESAMTGARZEIT: 10 MINUTEN
AUSRÜSTUNG: 12-ZOLL-DUTCH-OFEN
PORTIONEN: 6

ZUTATEN
1 Tasse Mehl
2 Esslöffel Crisco
2 Esslöffel Mehl
1/4 Teelöffel Backpulver
1/2 Tasse Buttermilch
1 Teelöffel Backpulver
Prise Salz

RICHTUNGEN
Crisco auf den Boden des Ofens legen.
Mehl, Salz, Backpulver, Crisco, Buttermilch mischen und mit einer Gabel umrühren.
Den Teig auf einer bemehlten Fläche auslegen und kneten.
Zum Schneiden ein Glas oder eine Tasse verwenden.
In den Ofen schieben und bei 500 Grad 8 Minuten backen.

ERNÄHRUNG
78 Kalorien, 9 g Kohlenhydrate, 4 g Fett, Protein 0 g

5. **Razorback-Maisbrot**

GESAMTKOCHZEIT: 25 MINUTEN
PORTIONEN: 10-12
AUSRÜSTUNG: 12-ZOLL-DUTCH-OFEN

ZUTATEN

3 scharfe Chilischoten, aus der Dose, gehackt
8 Unzen Schweinswurst, gekocht und zerkleinert
2 Tassen Maismehl
2 Tassen Buttermilch
1 Zwiebel, gehackt
3 Teelöffel Backpulver
1 Dose Mais
Prise Salz
2 Eier, geschlagen
½ Tasse Allzweckmehl
1 Teelöffel Backpulver
½ Tasse Cheddar-Käse, gerieben

RICHTUNGEN

Mische alle Zutaten.
Füllen Sie den geölten Schmortopf mit der Mischung und backen Sie ihn 25 Minuten lang bei 450 °C.

ERNÄHRUNG

Kalorien: 255 kcal, Kohlenhydrate: 34 g, Protein: 7 g, Fett: 11 g, gesättigtes Fett: 7 g, Ballaststoffe: 3 g, Zucker: 3 g

6. Leckeres Maisbrot

GESAMTGARZEIT: 40 MINUTEN
PORTIONEN: 6
AUSRÜSTUNG: 12-ZOLL-DUTCH-OFEN

ZUTATEN
2 Tassen Allzweckmehl
Backpulver, 2 Esslöffel
3 Eier
Maismehl, 2 Tassen
Milch, 2 Tassen
Prise Salz
Pflanzenöl, 1 Tasse
1 Tasse Zucker

RICHTUNGEN
Alle Zutaten gründlich vermischen.
In einen Dutch Oven gießen.
40 Minuten kochen lassen.

ERNÄHRUNG
Kalorien: 255 kcal, Kohlenhydrate: 34 g, Protein: 7 g, Fett: 11 g, gesättigtes Fett: 7 g, Ballaststoffe: 3 g, Zucker: 3 g

7. Holländische Ofenbrötchen

GESAMTGARZEIT: 30 MINUTEN
PORTIONEN: 12
AUSRÜSTUNG: 12-ZOLL-DUTCH-OFEN

ZUTATEN
1/8 Teelöffel Zucker
Butter, 1 Esslöffel
3 Tassen Mehl
Warmes Wasser, 1/4 Tasse
Salz, 1 Teelöffel
Milch, 1 Tasse
1 Esslöffel Hefe
1 Esslöffel Zucker

RICHTUNGEN
Warmes Wasser und Hefe mit 1/8 Teelöffel Zucker vermischen.
Milch, Butter, Salz, restlichen Zucker, Mehl sowie Hefemischung verrühren.
Etwas vom restlichen Mehl auf eine ebene Fläche streuen und gut durchkneten.
Legen Sie die Brötchen in den Ofen und lassen Sie sie 30 Minuten lang backen, bis sie oben braun sind.

ERNÄHRUNG
Kalorien 101, Protein 1 g, Kohlenhydrate 12 g, Fett 5 g, gesättigtes Fett 1 g, Ballaststoffe 0 g, Cholesterin 0 mg, Natrium 233 mg

8. Affenbrot im Dutch Oven

GESAMTGARZEIT: 30 MINUTEN
PORTIONEN: 12
AUSRÜSTUNG: 12-ZOLL-DUTCH-OFEN

ZUTATEN
2 Esslöffel Zimt
1 Tasse geschmolzene Butter
2 Dosen Kekse aus der Dose
1 Tasse Zucker
3 Tassen brauner Zucker

RICHTUNGEN
Zucker und Zimt vermischen.
Legen Sie die Kuchenstücke in den Schmortopf, nachdem Sie sie leicht mit der Zimt-Zucker-Mischung bestäubt haben.
Geschmolzene Butter und brauner Zucker hinzufügen.
Lassen Sie es 30 Minuten bei 350 Grad backen.

ERNÄHRUNG
Kalorien 101, Protein 1 g, Kohlenhydrate 12 g, Fett 5 g, gesättigtes Fett 1 g, Ballaststoffe 0 g, Cholesterin 0 mg, Natrium 233 mg

9. Zimt-Knockouts

GESAMTGARZEIT: 40 MINUTEN
AUSRÜSTUNG: 12-ZOLL-DUTCH-OFEN
PORTIONEN: 6

ZUTATEN
4 Keksbrötchen aus dem Kühlschrank, mit Butter bestrichen
Geschmolzene Butter, 1/2 Tasse
Zimt, 1 Esslöffel
Brauner Zucker, 1/2 Tasse
1/2 Packung Karamellpudding
Zucker, 1/2 Tasse
1 Esslöffel Rosinen
1 Esslöffel Nüsse

RICHTUNGEN
Den Dutch Oven vorheizen und einölen
Pudding und Zucker vermischen und die Brötchen in der Zuckermischung wälzen.
Die Brötchen im Ofen anrichten und mit Zimt, Rosinen und Nüssen belegen.
Überlappen Sie beim Schichten die untere Schicht mit den restlichen eingetauchten Rollen.
Die restliche Zuckermischung gleichmäßig auf den Muffins verteilen.
Über die Brötchen die restliche Butter träufeln.
Fügen Sie mehr Zimt hinzu.
Mit Deckel 40 Minuten bei 350 Grad backen.

ERNÄHRUNG
Kalorien 101, Protein 1 g, Kohlenhydrate 12 g, Fett 5 g, gesättigtes Fett 1 g, Ballaststoffe 0 g, Cholesterin 0 mg, Natrium 233 mg

0. Grundplätzchen aus dem holländischen Ofen

GESAMTGARZEIT: 15 MINUTEN
AUSRÜSTUNG: 12-ZOLL-DUTCH-OFEN
PORTIONEN: 30 KEKSE

ZUTATEN
6 Esslöffel Speiseöl
Salz, 1 Teelöffel
Backpulver, 6 Teelöffel
Mehl, 3 Tassen
Milch, 1 Tasse

RICHTUNGEN
Kombinieren Sie alles.
Auf einer mit Mehl bestäubten Fläche ausrollen, schneiden und auf dem Boden des Ofens anrichten.
Etwa 15 Minuten backen.

ERNÄHRUNG
Kalorien: 120, Gesamtfett: 5 g, gesättigtes Fett: 3,5 g, Natrium: 100 mg, Kohlenhydrate: 16 g, Ballaststoffe: 0 g, Gesamtzucker: 9 g, Protein: 2 g

1. Einfaches Maisbrot

GESAMTGARZEIT: 55 MINUTEN
PORTIONEN: 12
AUSRÜSTUNG: 12-ZOLL-DUTCH-OFEN

ZUTATEN

1 Schachtel Jiffy-Maisbrotmischung
1 Dose Rahmmais
1 Ei
Milch, um den Rest der für die Mischung benötigten Flüssigkeit herzustellen

RICHTUNGEN

Kombinieren Sie alles.
In einen großzügig geölten Schmortopf gießen.
Etwa 55 Minuten kochen lassen.

ERNÄHRUNG

Kalorien: 255 kcal, Kohlenhydrate: 34 g, Protein: 7 g, Fett: 11 g, gesättigtes Fett: 7 g, Ballaststoffe: 3 g, Zucker: 3 g

PIZZA

42.   Dutch Oven Pepperoni-Pizza

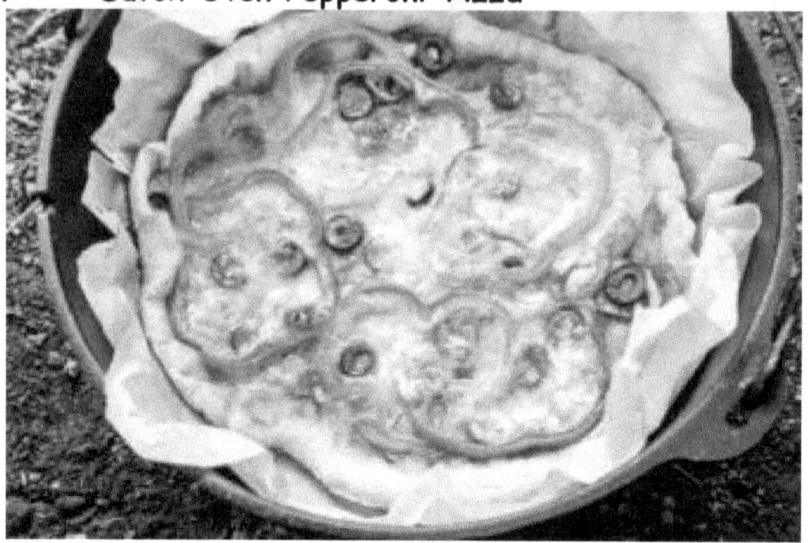

GESAMTKOCHZEIT: 25 MINUTEN
PORTIONEN: 6
AUSRÜSTUNG: 12-ZOLL-DUTCH-OFEN

ZUTATEN
2 Packungen Hörnchen
Zwiebelpulver, 1 Teelöffel
Pizzasauce, 1 Dose
2 Pfund Rinderhackfleisch, gekocht
8 Unzen. geriebener Mozzarella-Käse
4 Unzen Peperoni
8 Unzen. Cheddar-Käse, gerieben
2 Teelöffel Oregano
Knoblauchpulver, 1 Teelöffel

RICHTUNGEN
Legen Sie 1 Packung Hörnchen auf den Schmortopf.
Etwas Pizzasauce, Oregano, Knoblauchpulver, Zwiebelpulver, Rindfleisch und Peperoni über die Kruste streichen.
Die Hörnchen aus der zweiten Schachtel sollten nach dem Hinzufügen des Käses für die obere Kruste verwendet werden.
Etwa 25 Minuten backen.

ERNÄHRUNG
380 Kalorien, 17 g Fett, 6 g gesättigtes Fett, 40 g Kohlenhydrate und 16 g Protein.

43. Peperoni-Pizza-Chili

GESAMTKOCHZEIT: 25 MINUTEN
AUSRÜSTUNG: 12-ZOLL-DUTCH-OFEN
PORTIONEN: 6

ZUTATEN
4 Knoblauchzehen, gehackt
16 Unzen Salsa
1 Pfund scharfe italienische Wurst
16 Unzen. Chili Bohnen
1/2 Teelöffel Pfeffer
2 Pfund Hackfleisch
1 Paprika, gehackt
16 Unzen Kidneybohnen, abgespült und abgetropft
12 Unzen Pizzasauce
3 Tassen Mozzarella-Käse, gerieben
Wasser, 1 Tasse
8 Unzen geschnittene Peperoni, halbiert
1 Zwiebel, gehackt
Chilipulver, 2 Teelöffel
1/Salz, 2 Teelöffel

RICHTUNGEN
Zwiebeln, grüne Paprika und Knoblauch anbraten und dann das Rindfleisch und die Wurst dazugeben.
Wasser, Chilipulver, Salz, Pfeffer, Salsa, Bohnen, Pizzasauce und Peperoni hinzufügen.
Abdecken und die Hitze reduzieren.

ERNÄHRUNG
460 Kalorien, 28 g Fett, 10 g gesättigtes Fett, 20 g Kohlenhydrate und 33 g Protein.

44. Im holländischen Ofen gebackene Pizza

GESAMTKOCHZEIT: 25 MINUTEN
PORTIONEN: 6
AUSRÜSTUNG: 12-ZOLL-DUTCH-OFEN

ZUTATEN:
PIZZATEIG:
1 Päckchen aktive Trockenhefe
1 Teelöffel Pflanzenöl
Warmes Wasser, 1 Tasse
3 Tassen Mehl
Salz, 1 Teelöffel
PIZZA SOSSE
16-Unze Dose Tomatensauce
Knoblauch, 2 Zehen
1 Esslöffel Zwiebel, gewürfelt
1 Esslöffel Öl
Italienisches Gewürz, 1 Teelöffel

PIZZABELAG:
Pilze
Peperoni
Oliven
Ananas
Mozzarella Käse

RICHTUNGEN
Lösen Sie die Hefe in warmem Wasser auf.
Knoblauch und Zwiebeln im heißen Öl anbraten.
Fügen Sie italienische Gewürze und Tomatensauce zusammen mit den restlichen Zutaten hinzu.
Aus Pizzateig eine Kugel formen.
In die Mitte des Kreises den Käse und eventuelle weitere Beläge geben.

Die leere Hälfte sollte umgefaltet werden, dann sollten die Seiten zusammengebracht werden, um sie zu verschließen.
In eine Pfanne mit bereits erhitztem Öl geben und goldbraun braten.
Zum Schluss noch mehr geriebenen Käse und Pizzasoße hinzufügen.

ERNÄHRUNG
705 Kalorien, 41 g Fett, 61 g Kohlenhydrate, 23 g Protein

5. Dutch Oven Crescent Rollpizza

GESAMTGARZEIT: 30 MINUTEN
PORTIONEN: 6
AUSRÜSTUNG: 12-ZOLL-DUTCH-OFEN

ZUTATEN
Hörnchen, 2 Packungen
1 Pfund Rinderhackfleisch, gekocht und abgetropft
8 Unzen geriebener Cheddar-Käse
1 Glas Pizzasauce
8 Unzen. geriebener Mozzarella-Käse

RICHTUNGEN
Legen Sie 1 Packung Hörnchen in den Schmortopf.
Etwas Pizzasoße über die Kruste streichen.
Die zweite Packung Brötchen sollte verwendet werden, um die obere Kruste zu bilden, bevor der Käse und das gekochte Rindfleisch hinzugefügt werden.
30 Minuten backen.

ERNÄHRUNG
Kalorien: 182, Fett: 12 g, gesättigtes Fett: 6 g, Kohlenhydrate: 13 g, Ballaststoffe: 1 g, Zucker: 4 g, Protein: 5 g

6. Calzone aus dem holländischen Ofen

GESAMTKOCHZEIT: 25 MINUTEN
PORTIONEN: 6
AUSRÜSTUNG: 12-ZOLL-DUTCH-OFEN

ZUTATEN
1 Esslöffel Zucker
1 Esslöffel Hefe
Salz, 1 Teelöffel
2 Tassen warmes Wasser
6 Tassen Allzweckmehl
1/4 Tasse Olivenöl

RICHTUNGEN
Mischen Sie Wasser, Hefe und Zucker und fügen Sie dann 2 Tassen Mehl, Salz und Olivenöl hinzu, bis der Teig verarbeitbar ist.
In dünne Pizzastücke flach drücken.
Mit den Toppings Ihrer Wahl belegen.
Binden und sichern und 15 Minuten backen.

ERNÄHRUNG
500 Kalorien; Fett 21g; gesättigtes Fett 9 g; Kohlenhydrate 42g; Protein 31g; Natrium 782 mg

7. Holländische Ofen-Cheddar-Pizza

GESAMTE KOCHZEIT: 20 MINUTEN
PORTIONEN: 6
AUSRÜSTUNG: 12-ZOLL-DUTCH-OFEN

ZUTATEN
Pflanzenöl oder Antihaftspray
geschnittene Zwiebeln
geriebener Cheddar-Käse
Knoblauchpulver
Vorgefertigte Pizzateigröhre
Prise Salz und Pfeffer
geriebener Mozzarella-Käse
1 Dose Tomatensauce
Peperonischeiben

RICHTUNGEN
Den Pizzateig auf dem Boden eines geölten Schmortopfs verteilen.
Den Pizzaboden mit Tomatensauce bestreichen und mit Salz, Pfeffer und Knoblauchpulver würzen.
Peperoni und Zwiebeln dazugeben und etwa 20 Minuten backen.
Zum Schluss für die letzten 10 Minuten Mozzarella und Cheddar-Käse darüber geben.

ERNÄHRUNG
380 Kalorien, 17 g Fett, 6 g gesättigtes Fett, 750 mg Natrium, 40 g Kohlenhydrate und 16 g Protein.

8. Dutch Oven Bierpizzateig

GESAMTGARZEIT: 35 MINUTEN
PORTIONEN: 1 Pfund TEIG
AUSRÜSTUNG: 12-ZOLL-DUTCH-OFEN

ZUTATEN
2 Teelöffel Hefe
Koscheres Salz, 2 Teelöffel
3 Tassen Allzweckmehl
1 Esslöffel Olivenöl
12-Unzen-Bier

RICHTUNGEN
Hefe, Mehl, Salz, Bier und Olivenöl vermischen.
Formen Sie den Teig mit den Händen zu einer Kugel, legen Sie ihn dann auf Backpapier und legen Sie ihn in die Mitte des Schmortopfs.
Bei 450 Grad mindestens 35 Minuten backen.

ERNÄHRUNG
304 Kalorien, 1 g Fett, 64 g Kohlenhydrate, 9 g Protein

VORSPEISEN

49. Blumenkohl- und Cheddar-Krapfen

GESAMTKOCHZEIT: 25 MINUTEN
PORTIONEN: 24
AUSRÜSTUNG: 12-ZOLL-DUTCH-OFEN

ZUTATEN
½ Teelöffel Salz
1 Tasse Cheddar-Käse, gerieben
1 Ei
1 Esslöffel Zwiebel, gewürfelt
Blumenkohl, 2 Tassen
Backpulver, 2 Teelöffel
Pflanzenöl
Milch, 1 Tasse
2 Tassen Allzweckmehl

RICHTUNGEN
Mische alle Zutaten.
Öl auf 375 Grad erhitzen.
Geben Sie einen gehäuften Esslöffel Teig in das Öl und braten Sie die Krapfen pro Seite eine Minute lang oder bis sie goldbraun sind.

ERNÄHRUNG
Kalorien 244, Fett 13 g, Kohlenhydrate 21 g, Ballaststoffe 3 g, Zucker 3 g, Protein 9 g

50. Mit Käse gefüllte Kartoffelpuffer

GESAMTGARZEIT: 8 MINUTEN
PORTIONEN: 10 FRITTER
AUSRÜSTUNG: 12-ZOLL-DUTCH-OFEN

ZUTAT

2 Pfund Backkartoffeln, gekocht
⅓ Tasse weiche Butter
½ Teelöffel Pfeffer
Prise Muskatnuss
5 Eigelb
2 Esslöffel Petersilie
Salz, 1 Teelöffel
2 Tassen italienische Semmelbrösel
1 Tasse Allzweckmehl
4 Unzen Mozzarella-Käse
2 Eier, leicht geschlagen

RICHTUNGEN

Kombinieren Sie die Kartoffeln mit der Butter, bevor Sie die weiteren Zutaten, einschließlich des Eigelbs, hinzufügen.
Machen Sie 10 Krapfen und umgeben Sie jedes mit einem Stück Käse, sodass ein Oval entsteht.
Bestäuben Sie jedes Gericht leicht mit Mehl, tauchen Sie es dann in geschlagene Eier und panieren Sie es in italienische Semmelbrösel. kalt stellen.
Öl auf 350 Grad erhitzen und die Krapfen 8 Minuten lang braten, dabei einmal wenden.

ERNÄHRUNG

488 Kalorien, 34 g Fett, 11 g gesättigtes Fett, 36 g Kohlenhydrate und 12 g Protein.

51. Indische Kreuzkümmel-Curry-Pommes

GESAMTGARZEIT: 5 MINUTEN
PORTIONEN: 6
AUSRÜSTUNG: 12-ZOLL-DUTCH-OFEN

ZUTATEN
1 rotbraune Kartoffel, in Streifen schneiden und einweichen
1 Liter Pflanzenöl zum Braten
1/4 Teelöffel Currypulver
1/4 Teelöffel Kreuzkümmel
Salz

RICHTUNGEN
Erhitzen Sie das Öl in einem Schmortopf auf 275 Grad, braten Sie die Kartoffeln dann 6 Minuten lang, drehen Sie sie um und braten Sie sie weitere 3 Minuten lang.
Erhöhen Sie die Temperatur auf 350 Grad und braten Sie die Pommes dann erneut 5 Minuten lang.
Geben Sie alle Chips in eine Schüssel, streuen Sie Salz, Kreuzkümmel und Curry darüber und vermischen Sie alles gut.

ERNÄHRUNG
Kalorien. 8; Fett. 0,47 g; Kohlenhydrate. 0,93 g; Eiweiß. 0,37 g

52. Hackbraten-Burger

GESAMTGARZEIT: 10 MINUTEN
PORTIONEN: 6
AUSRÜSTUNG: 12-ZOLL-DUTCH-OFEN

ZUTATEN:
¼ Tasse BBQ-Sauce
2-Pfund-Hamburger
Worcestershire-Sauce, 1 Esslöffel
¼ Tasse Tomatensauce
2 Eier
8 Cracker, zerkleinert
1 Zwiebel, gehackt
Salz, 1 Teelöffel
1 Teelöffel Pfeffer
1 Esslöffel gehackte Petersilie
1 Teelöffel gemahlener Oregano

RICHTUNGEN
Alle Zutaten vermischen und daraus 8 Patties formen.
Die Patties auf den erhitzten Deckel legen.
Nach 4 Minuten Garzeit wenden und weitere 4 Minuten garen.

ERNÄHRUNG
Kalorien: 524 kcal, Kohlenhydrate: 43 g, Protein: 27 g, Fett: 26 g, gesättigtes Fett: 10 g, Cholesterin: 109 mg, Natrium: 1123 mg, Kalium: 560 mg, Ballaststoffe: 2 g, Zucker: 15 g

53. Dessert-Burritos aus dem Dutch Oven

GESAMTKOCHZEIT: 25 MINUTEN
PORTIONEN: 6
AUSRÜSTUNG: 12-ZOLL-DUTCH-OFEN

ZUTATEN:
1 Dose Kuchenfüllung
12 Mehl-Tortillas
Schlagsahne

RICHTUNGEN
Füllung in den Dutch Oven füllen.
Legen Sie eine Tortilla auf den erhitzten Deckel, erhitzen Sie sie auf einer Seite, drehen Sie sie dann um und erhitzen Sie die andere Seite.
Nehmen Sie eine Tortilla, verteilen Sie die Tortenfüllung darauf, rollen Sie sie wie einen Burrito auf und geben Sie dann Schlagsahne darüber, um Ihren Burrito zuzubereiten.

ERNÄHRUNG
Kalorien: 665kcal | Kohlenhydrate: 3,6 g | Protein: 39g | Fett: 53,5 g | Gesättigtes Fett: 16,6 g | Cholesterin: 161 mg | Natrium: 644 mg | Kalium: 97 mg | Ballaststoffe: 1g | Zucker: 2,1 g

54. Dutch Oven Taco-Kuchen

GESAMTKOCHZEIT: 25 MINUTEN
PORTIONEN: 6
AUSRÜSTUNG: 12-ZOLL-DUTCH-OFEN

ZUTATEN
1 Dose grüne Chilis
1/4 Teelöffel rote Paprika
4 Maistortillas, gebacken
1 Dose Tomatenpüree
1/4 Teelöffel Kreuzkümmel
1 Flasche Taco-Sauce
2 Pfund Hackfleisch
1 Zwiebel, gehackt
8 Unzen. Monterey-Jack-Käse gerieben

RICHTUNGEN
Hackfleisch und Zwiebeln anbraten.
Fügen Sie rote Paprika, Kreuzkümmel, grüne Chilis, Tomatenpüree und Taco-Sauce hinzu.
Wickeln Sie Alufolie um den Dutch Oven.
Die Tortillas mit der Hälfte der Hackfleischmischung und der Hälfte der Saucenmischung belegen.
Verteilen Sie die übrig gebliebene Fleisch-Sauce-Mischung auf der zweiten Tortillaschicht.
Käse darüber geben.
Mit Deckel backen, bis der Käse schmilzt.

ERNÄHRUNG
Kalorien 525, Fett 20,2 g, Natrium 1487,4 mg, Kohlenhydrate 50,6 g, Zucker 5,8 g, Protein 37,3 g

55. Dutch Oven Hackbraten mit grünen Bohnen

GESAMTGARZEIT: 30 MINUTEN
PORTIONEN: 6
AUSRÜSTUNG: 12-ZOLL-DUTCH-OFEN

ZUTATEN:
1 Tasse Zwiebel, gewürfelt
2 Tassen Kartoffelpüree
14-Unzen-Dose grüne Bohnen, abgetropft
1 Pfund Hamburger
10-Unzen-Dose Tomatensuppe
½ Tasse geriebener Cheddar-Käse

RICHTUNGEN
Den Burger im Schmortopf anbraten und abtropfen lassen. Grüne Bohnen und eine Dose Tomatensuppe hinzufügen. Käse und Kartoffelpüree hinzufügen und backen, bis der Käse geschmolzen ist.

ERNÄHRUNG
Kalorien: 356kcal | Kohlenhydrate: 10g | Protein: 23g | Fett: 25g | Gesättigtes Fett: 9g | Natrium: 474 mg | Ballaststoffe: 1g

56. Ausgezeichnetes Chile Relleno

GESAMTKOCHZEIT: 1 STUNDE
PORTIONEN: 6
AUSRÜSTUNG: 12-ZOLL-DUTCH-OFEN

ZUTATEN:
30 Unzen Kondensmilch
14 Unzen ganze grüne Chilis, geschält
Cheddar-Käse, 1 Pfund
Monterey-Jack-Käse, 1 Pfund
4 Eier
16 Unzen Dose Tomatensauce
2 Esslöffel vier

RICHTUNGEN
Chilis schichten und reichlich Käse darüber streuen.
Mehl und Kondensmilch hinzufügen und vermischen.
Etwa 35 Minuten backen.
Tomatensauce und Monterey Jack darüber schichten und weitere 17 Minuten kochen lassen.

ERNÄHRUNG
Kalorien 421, Fett 33 g, gesättigtes Fett 19 g, Cholesterin 202 mg, Natrium 480 mg, Kohlenhydrate 6 g, Ballaststoffe 1 g

57. Indischer Pemmikan

GESAMTGARZEIT: 10 MINUTEN
AUSRÜSTUNG: 12-ZOLL-DUTCH-OFEN
PORTIONEN: 4

ZUTATEN
1 Tasse Rosinen
2 Pfund Trockenfleisch vom Rind
1/2 Tasse Rosinen
Rindertalg

RICHTUNGEN
Das Fleisch mit einem Mixer fein pürieren und anschließend Rosinen hinzufügen.
Auf eine Wackelpuddingform stürzen und vollständig abkühlen lassen.
In Streifen und dann in breite Riegel schneiden.
Verwenden Sie zur Aufbewahrung Ziploc-Beutel.

ERNÄHRUNG
Kalorien: 388 kcal, Kohlenhydrate: 1 g, Protein: 34 g, Fett: 28 g, Zucker: 1 g

58. Wurstbällchen im Dutch Oven

GESAMTGARZEIT: 15 MINUTEN
AUSRÜSTUNG: 12-ZOLL-DUTCH-OFEN
PORTIONEN: 6 DUTZEND

ZUTATEN
3 Tassen Keks
1 Ei
6 Unzen Cheddar-Käse, gerieben
1 Pfund Wurst

RICHTUNGEN
Kombinieren Sie alles mit Ihren Händen.
Aus den abgetrennten Stücken Kugeln formen.
15 Minuten bei 350 Grad kochen

ERNÄHRUNG
Kalorien 199 kcal, Protein 8 g, Fett 17 g, gesättigtes Fett 7 g, Cholesterin 51 mg, Natrium 881 mg

SUPPEN, EINTÖTUNGEN UND CHILI

9. Italienische Minestrone-Suppe

GESAMTE KOCHZEIT: 20 MINUTEN
PORTIONEN: 4
AUSRÜSTUNG: 12-ZOLL-DUTCH-OFEN

ZUTATEN:

1 Karotte, gehackt
1 Teelöffel getrocknetes Basilikum
1 Zwiebel, gehackt
4 Knoblauchzehen, gehackt
Olivenöl, 4 Teelöffel
Brühe, 4 Tassen
3 Unzen. Quinoa-Nudelschalen
1 Teelöffel getrockneter Oregano
2 Selleriestangen, gehackt
15-Unzen-Dose Cannellini-Bohnen
Eine Prise schwarzen Pfeffer
1 Fenchelknolle, gehackt
1 Zucchini, gehackt
4 Tassen Babyspinat
14 Unzen gewürfelte geröstete Tomaten
1 Teelöffel Meersalz

RICHTUNGEN:

Zwiebel, Knoblauch, Sellerie, Karotte, Basilikum und Oregano in etwas Öl anbraten; Unter gelegentlichem Rühren 3 Minuten köcheln lassen.

Zucchini und Fenchel zusammen weitere 3 Minuten kochen.

Brühe und Tomaten hinzufügen.

Wenn die Nudeln fast fertig sind, das Gemüse hinzufügen, die Hitze reduzieren und 8 Minuten kochen lassen.

Nach dem Hinzufügen der Bohnen und des Spinats weitere drei Minuten kochen lassen.

ERNÄHRUNG

Kalorien: 201kcal | Gesättigtes Fett: 0,4 g | Fett: 2,6 g | Protein: 9,3 g | Kohlenhydrate: 31,8 g| Zucker: 6,2g | Faser: 11,9 g

O. Amerikanischer weißer Chili

GESAMTGARZEIT: 30 MINUTEN
PORTIONEN: 4
AUSRÜSTUNG: 12-ZOLL-DUTCH-OFEN

ZUTATEN:
1 Tasse trockene Quinoa, abgespült und gekocht
1/4 Tasse gehackter Koriander
30 Unzen Cannellini-Bohnen, abgetropft
2 Esslöffel Olivenöl
4 Knoblauchzehen, gehackt
Geräucherter Paprika, 1/2 Teelöffel
Chilipulver, 1 Esslöffel
1 Teelöffel gemahlener Koriander
1 Teelöffel Meersalz
2 Tassen Gemüsebrühe
1 Jalapeno
2 Teelöffel getrockneter Oregano
2 Zwiebeln, gehackt
2 Paprika, gehackt

RICHTUNGEN:
Zwiebeln, Paprika und Knoblauch 3 Minuten in Öl anbraten.
Gewürze, Bohnen und Brühe hinzufügen; zum Kochen bringen.
Unter gelegentlichem Rühren und abgedeckt 18 Minuten kochen lassen.
Salz und Koriander hinzufügen.

ERNÄHRUNG
310 Kalorien, 35 g Kohlenhydrate, 36 g Protein, 4 g Fett

1. Goldene Kürbissuppe mit knusprigem Salbei

GESAMTGARZEIT: 15 MINUTEN
PORTIONEN: 6
AUSRÜSTUNG: 12-ZOLL-DUTCH-OFEN

ZUTATEN
Zimtpulver, 1 Teelöffel
Cayenne-Pulver, 1 Teelöffel
2 Esslöffel reiner Ahornsirup
1 Esslöffel gehackter Salbei
14 Unzen Kokosmilch
Olivenöl, 2 Esslöffel
5 Tassen Kürbis, gewürfelt und gegrillt
Koscheres Salz und gemahlener Pfeffer
1 Schalotte, gewürfelt
Prise Meersalz
4 Esslöffel gesalzene Butter
1 Tasse rohe Kürbiskerne, geröstet

RICHTUNGEN
Stellen Sie den Ofen auf 400 °F ein.
Butternusskürbis, Schalotte, Olivenöl, Ahornsirup, gemahlenen Salbei, Cayennepfeffer, Zimt und einen Hauch Salz und Pfeffer in einem Schmortopf vermischen.
Das geröstete Gemüse mit etwas Wasser glatt pürieren.
Die Hälfte der Butter und Kokosmilch hinzufügen und 5 Minuten köcheln lassen.
Die restliche Butter schmelzen und die ganzen Salbeiblätter pro Seite eine Minute lang anbraten.
Den Salbei und die Kürbiskerne in der Pfanne salzen.
Mit knackigen Salbeiblättern und Kürbiskernen garniert servieren.

ERNÄHRUNG
Kalorien: 889kcal | Kohlenhydrate: 97g | Protein: 16g | Fett: 58g | Gesättigtes Fett: 34g | Cholesterin: 136 mg | Natrium: 1486 mg | Kalium: 4698 mg | Faser: 8g | Zucker: 41g

2. **Geröstete Tomatensuppe mit Butter**

GESAMTGARZEIT: 10 MINUTEN
PORTIONEN: 4
AUSRÜSTUNG: 12-ZOLL-DUTCH-OFEN

ZUTATEN
TOMATEN-BASILIKUM-SUPPE
1 Tasse Vollmilch
1 Zwiebel
2 Esslöffel Thymian
28 Unzen ganze geschälte Tomaten, geröstet
Koscheres Salz und gemahlener Pfeffer
3 Esslöffel gesalzene Butter
6 Esslöffel Zitronen-Basilikum-Pesto

RICHTUNGEN
Geröstete Tomaten, Zwiebeln und Milch glatt rühren.
Alles außer dem Pesto in einem Schmortopf vermischen und 3 Minuten lang bei 200 °C (200 °C) erhitzen.
3 EL Pesto darüberstreuen.

ERNÄHRUNG
Kalorien: 175 kcal | Kohlenhydrate: 12g | Protein: 2g | Fett: 13g | Gesättigtes Fett: 3g | Natrium: 523 mg | Ballaststoffe: 1g | Zucker: 7g

3. Hühnersuppe mit Pilzen

GESAMTGARZEIT: 40 MINUTEN
PORTIONEN: 8
AUSRÜSTUNG: 12-ZOLL-DUTCH-OFEN

ZUTATEN
10 Knoblauchzehen, gehackt
1 Teelöffel rote Paprika, gewürfelt
2 Lorbeerblätter
12 Unzen Grünkohl, Stiele entfernt, Blätter gebrochen
1 Pfund vorgeschnittene, mit Vitamin D angereicherte Pilze
2 Pfund Hähnchenbrust ohne Knochen und Haut
2 Tassen Zwiebel, gewürfelt
2 Esslöffel Kokosöl
15 Unzen. Kichererbsen, abgetropft
8 Tassen salzfreie Hühnerbrühe
3 Selleriestangen, in Scheiben geschnitten
2 Karotten, in Scheiben geschnitten
4 Zweige Thymian
Koscheres Salz, 2 Teelöffel

RICHTUNGEN
Karotten, Zwiebeln und Sellerie 5 Minuten in Öl anbraten.
Pilze, Knoblauch, Kichererbsen, Brühe, Thymian und Lorbeerblätter hinzufügen und zum Kochen bringen.
Fügen Sie das Hähnchen, Salz und Pfeffer hinzu und lassen Sie das Hähnchen dann etwa 30 Minuten köcheln.
Das Fleisch zerkleinern und die Knochen wegwerfen.
Den Grünkohl 5 Minuten kochen und dann das zerkleinerte Hähnchen hinzufügen.

ERNÄHRUNG
239 Kalorien; Eiweiß 18g; Kohlenhydrate 24g; Fett 9g; Gesättigtes Fett 2g

4. Mit Dutch Oven angereicherte Suppe

GESAMTGARZEIT: 30 MINUTEN
PORTIONEN: 8
AUSRÜSTUNG: 12-ZOLL-DUTCH-OFEN

ZUTATEN
1 Pfund vorgeschnittene, mit Vitamin D angereicherte Pilze
2 Esslöffel Öl
2 Tassen Zwiebel, gewürfelt
10 Knoblauchzehen, gehackt
12 Unzen. Grünkohl, Stiele entfernt, abgebrochene Blätter
8 Tassen salzfreie Hühnerbrühe
Koscheres Salz, 2 Teelöffel
3 Selleriestangen, in Scheiben geschnitten
2 Pfund Truthahn ohne Knochen und Haut
4 Zweige Thymian
2 Lorbeerblätter
2 Karotten, in Scheiben geschnitten
15 Unzen. Kichererbsen, abgetropft
1 Teelöffel zerstoßener roter Paprika

RICHTUNGEN
Alle Zutaten außer Truthahn und Grünkohl in Öl anbraten; abdecken und 25 Minuten köcheln lassen.
Truthahn und Grünkohl in die Brühe geben; abdecken und 5 Minuten kochen lassen.

ERNÄHRUNG
Kalorien 253, Fett 6,5 g, gesättigtes Fett 1 g, Protein 28 g, Kohlenhydrate 22 g, Ballaststoffe 6 g, Cholesterin 54 mg

5. Goldene Kurkuma-Blumenkohlsuppe

GESAMTGARZEIT: 30 MINUTEN
PORTIONEN: 4
AUSRÜSTUNG: 12-ZOLL-DUTCH-OFEN

ZUTATEN

3 Knoblauchzehen, gehackt
3 Esslöffel Traubenkernöl
$\frac{1}{8}$ Esslöffel zerstoßene rote Paprikaflocken
1 Esslöffel Kurkuma
$\frac{1}{4}$ Tasse ganze Kokosmilch
6 Tassen Blumenkohlröschen
1 Esslöffel Kreuzkümmelpulver
1 Zwiebel oder Fenchelknolle, gehackt
3 Tassen Gemüsebrühe

RICHTUNGEN

Stellen Sie den Ofen auf 450 Grad ein.
Blumenkohl und Knoblauch in Öl kochen.
Vermischen und gleichmäßig mit Kurkuma, Kreuzkümmel und Paprikaflocken bestreichen.
Blumenkohl sollte in einer einzigen Schicht auf einem Backblech ausgebreitet und 30 Minuten lang oder bis er goldbraun ist, gebacken werden.
Die Zwiebel im restlichen 1 Esslöffel Öl im Schmortopf anbraten.
In einem Topf den restlichen Blumenkohl mit den Zwiebeln und der Gemüsebrühe vermischen.
Pürieren, bis eine glatte Masse entsteht, und mit etwas Kokosmilch servieren.

ERNÄHRUNG

Kalorien: 207kcal | Kohlenhydrate: 33,5 g | Protein: 9,2 g | Fett: 5,4 g | Gesättigtes Fett: 1g | Kalium: 1226 mg | Faser: 8g | Zucker: 8,3g | Eisen: 2 mg

6.   Dutch Oven Katersuppe

GESAMTGARZEIT: 45 MINUTEN
PORTIONEN: 6
AUSRÜSTUNG: 12-ZOLL-DUTCH-OFEN

ZUTATEN

16-Unzen-Dose Sauerkraut; gespült
2 Scheiben Speck, gekocht
½ Pfund polnische Wurst; in Scheiben geschnitten und gekocht
1 Zwiebel; gehackt
2 Esslöffel Mehl
2 Stangen Sellerie; geschnitten
4 Tassen Rinderbrühe
1 Teelöffel Kümmel
2 Tomaten; gehackt
1 Paprika; gehackt
2 Teelöffel Paprika
1 Tasse Champignons, in Scheiben geschnitten
½ Tasse Sauerrahm

RICHTUNGEN

Kochen Sie das Gemüse, bis es weich ist, und fügen Sie die Zwiebel und den grünen Pfeffer hinzu.

Brühwurst und Speck, Rinderbrühe, Sauerkraut, Tomaten, Paprika und Kümmel hinzufügen.

45 Minuten kochen lassen.

Mehl und Sauerrahm vermischen und in die Suppe einarbeiten. Füllen Sie den Dutch Oven mit allem auf und kochen Sie es eine zusätzliche Minute lang.

ERNÄHRUNG

Kalorien: 40kcal | Kohlenhydrate: 2g | Protein: 1g | Natrium: 390 mg | Kalium: 59 mg | Zucker: 1g | Vitamin A: 20 IE | Vitamin C: 5,7 mg | Kalzium: 5 mg | Eisen: 0,4 mg

7. Dutch Oven Shoyu-Brühe

GESAMTGARZEIT: 10 MINUTEN
PORTIONEN: 4
AUSRÜSTUNG: 12-ZOLL-DUTCH-OFEN

ZUTATEN:
5 getrocknete Shiitake-Pilze, in Stücke gebrochen
4 Teelöffel Kokosöl
4 Esslöffel Dashi-Granulat
3 Frühlingszwiebeln, in Scheiben geschnitten
1 Apfel, entkernt, geschält und gehackt
1 Teelöffel weißer Pfeffer
5 Knoblauchzehen, geschält
4 Stück Ochsenschwanz
1 Zwiebel, gewürfelt
2 Selleriestangen, gehackt
1 Zitrone
2 Liter Hühnerbrühe
2 Karotten, geschält und gehackt
175 ml Sojasauce
2 Teelöffel Salz
1 ganzes Huhn
1 Lorbeerblatt

RICHTUNGEN:
In den Topf Kokosöl, trockenen Shiitake, Apfel, Sellerie, Karotten, Zwiebeln und Knoblauch geben.
Hühnchen, Ochsenschwanz und Zitrone hinzufügen.
Erhitzen Sie den Schmortopf auf 90 °C und stellen Sie ihn für 10 Stunden in den Ofen; Bringen Sie die Suppe zum Kochen.
Die Spaghetti hineingeben.

ERNÄHRUNG
Kalorien: 55 kcal, Kohlenhydrate: 5 g, Protein: 7 g, Fett: 1 g, gesättigtes Fett: 1 g, Natrium: 2021 mg, Ballaststoffe: 1 g

8. Linsensuppe

GESAMTGARZEIT: 30 MINUTEN
PORTIONEN: 4
AUSRÜSTUNG: 12-ZOLL-DUTCH-OFEN

ZUTATEN
1 Tasse Zwiebel, gewürfelt
2 Teelöffel Salz
1/2 Teelöffel Korianderpulver
2 Liter Hühner- oder Gemüsebrühe
1 Pfund Linsen
Gehackte Tomaten, 1 Tasse
Gehackte Karotte, 1/2 Tasse
Gehackter Sellerie, 1/2 Tasse
2 EsslöffelOliveÖl
1 Teelöffel Kreuzkümmel

RICHTUNGEN
Sellerie, Zwiebel und Karotte mit einer Prise Salz in Öl anbraten.
Koriander, Kreuzkümmel, Linsen, Tomaten und Brühe untermischen.
Einige Minuten köcheln lassen.
Pürieren Sie die Mischung mit einem Mixer bis zur gewünschten Konsistenz.

ERNÄHRUNG
Kalorien: 123kcal | Kohlenhydrate: 22g | Protein: 7g | Fett: 1g | Gesättigtes Fett: 1g | Natrium: 197 mg | Kalium: 439 mg | Ballaststoffe: 9g | Zucker: 4g

9.　Afrikanische Erdnusssuppe

GESAMTGARZEIT: 10 MINUTEN
PORTIONEN: 4
AUSRÜSTUNG: 12-ZOLL-DUTCH-OFEN

ZUTATEN
1 Zwiebel, gehackt
1 Esslöffel Rapsöl
Koriander, 2 Esslöffel
Zitronensaft, 2 Esslöffel
2 Stangen Sellerie, gehackt
2 Esslöffel gehackte Erdnüsse
1 Knoblauchzehe, gehackt
2 Karotten, gehackt
1 Esslöffel Ingwer, gehackt
3 Tassen Gemüsebrühe

RICHTUNGEN
Alles außer Erdnussbutter und Zitronensaft 5 Minuten anbraten.
In einen Mixer geben und gut verarbeiten.
Geben Sie die Suppe zusammen mit Erdnussbutter und Zitronensaft zurück in den Topf. 5 Minuten kochen lassen.

ERNÄHRUNG
Kalorien: 300; Fett: 7g; Gesättigtes Fett: 1 g; Kohlenhydrate: 54g; Ballaststoffe: 8g; Zucker: 11g; Protein: 10g

70. Hühnersuppe aus dem holländischen Ofen

GESAMTKOCHZEIT: 1 STUNDE
PORTIONEN: 8
AUSRÜSTUNG: 12-ZOLL-DUTCH-OFEN

ZUTATEN
2 Esslöffel gehackter Schnittlauch
3 Pfund gebratenes Hähnchen
½ Teelöffel Estragon, gehackt
2 Tassen gehackte Tomaten
1 Tasse Maiskörner
½ Tasse Frühlingszwiebeln, gehackt
1 Teelöffel Basilikum, gehackt
½ Tasse geschälte Erbsen
6 Tassen entfettete Hühnerbrühe
½ Tasse gewürfelte Süßkartoffeln
½ Tasse trockener Sherry

RICHTUNGEN
Kochen Sie die Hähnchenstücke etwa 10 Minuten lang in Sherry und fügen Sie dann die Tomaten, den Mais, die Frühlingszwiebeln und die Süßkartoffeln hinzu.
Nach dem Hinzufügen der Erbsen, Frühlingszwiebeln, Basilikum, Estragon und Chili 5 Minuten kochen lassen.
Hähnchenstücke, Wasser und Brühe hinzufügen.
50 Minuten köcheln lassen.

ERNÄHRUNG
Kalorien: 450, Fett: 19 g, gesättigtes Fett: 4 g, Natrium: 2195 mg, Kohlenhydrate: 33 g, Ballaststoffe: 5 g, Zucker: 8 g, Protein: 40 g

1. Deutsche Kartoffelsuppe

GESAMTGARZEIT: 1 STUNDE 15 MINUTEN
PORTIONEN: 6
AUSRÜSTUNG: 12-ZOLL-DUTCH-OFEN

ZUTATEN:
6 Tassen Wasser
3 Tassen geschälte Kartoffelwürfel
1 ¼ Tasse geschnittener Sellerie
½ Teelöffel Salz
½ Tasse Zwiebel, gewürfelt
1/8 Teelöffel Pfeffer
Fleischbällchen-Drop:
½ Teelöffel Salz
1 geschlagenes Ei
1/3 Tasse Wasser
1 Tasse Allzweckmehl

RICHTUNGEN
Die ersten 6 Zutaten in einem Schmortopf vermischen und etwa 1 Stunde köcheln lassen, bis sie weich sind. Das Gemüse herausnehmen und pürieren

FÜR DIE BRÖTCHEN:
Mehl, Wasser, Salz und Ei vermischen.
Auf die heiße Suppe streuen.
Abdecken und etwa 15 Minuten kochen lassen.

ERNÄHRUNG
Kohlenhydrate 51 g; Ballaststoffe 9 g; Zucker 9 g; Fett 0 g; Gesättigt 0 g.

2. Hamburger-Gemüsesuppe

GESAMTKOCHZEIT: 1 STUNDE
PORTIONEN: 6
AUSRÜSTUNG: 12-ZOLL-DUTCH-OFEN

ZUTATEN:

2 Tassen Kartoffeln, gewürfelt
4 Tassen Dosentomaten
1 Pfund Hackfleisch
1 ½ Tassen geschnittener Sellerie
½ Tasse Reis
5 Tassen Wasser
1 Tasse Zwiebel, gewürfelt
2 Tassen geriebener Kohl
1 Lorbeerblatt

RICHTUNGEN

Die Zwiebel im Schmortopf anbraten und dann das Rindfleisch anbraten.
Fügen Sie die restlichen Zutaten hinzu und lassen Sie das Gemüse 1 Stunde lang köcheln, bis es weich ist.

ERNÄHRUNG

Kalorien: 207kcal | Kohlenhydrate: 15g | Protein: 22g | Fett: 6g | Gesättigtes Fett: 2g | Cholesterin: 47 mg | Natrium: 589 mg | Kalium: 1070 mg | Faser: 4g | Zucker: 8g

3. Waldorf Astoria Eintopf

GESAMTKOCHZEIT: 1 STUNDE
PORTIONEN: 6
AUSRÜSTUNG: 12-ZOLL-DUTCH-OFEN

ZUTATEN:

3 Esslöffel Tapioka-Minute
4 Kartoffeln, längs gespalten
1 Tasse Sellerie, in Scheiben geschnitten
2 Zwiebeln gewürfelt
1 Dose Suppenwasser
Salz, 1 Teelöffel
2 Pfund rundes Steak, gewürfelt
10-Unzen-Dose Tomatensuppe
2 Tassen Karotten, in Scheiben geschnitten

RICHTUNGEN

Im Schmortopf das Gemüse um die kleinen Fleischstücke verteilen.
Salz und Tapioka hinzufügen.
Wasser und Suppe hinzufügen und etwa 1 Stunde kochen lassen.

ERNÄHRUNG

360 Kalorien, 10 g Fett, 3 g gesättigtes Fett, 605 mg Natrium, 41 g Kohlenhydrate, 28 g Protein

4. Dutch Oven Hackfleisch-Chili

GESAMTE KOCHZEIT: 2 STUNDEN
PORTIONEN: 6
AUSRÜSTUNG: 12-ZOLL-DUTCH-OFEN

ZUTATEN
1 Esslöffel Öl
4 Esslöffel Wasser
2 Teelöffel Salz, Zucker, Worcestershire, Kakao, Kreuzkümmel, Oregano
3 Tassen Dosentomaten
1 Esslöffel Tabasco-Sauce
1 Zwiebel gehackt
1 Esslöffel Chilipulver
2 Pfund Hackfleisch
2 Dosen Kidneybohnen

RICHTUNGEN
In Öl Rinderhackfleisch und Zwiebeln anbraten.
Die restlichen Zutaten hinzufügen, abdecken und 2 Stunden kochen lassen, zum Schluss die Bohnen hinzufügen.

ERNÄHRUNG
Kalorien: 276, Fett: 10 g, gesättigtes Fett: 3 g, Cholesterin: 40 mg, Natrium: 158 mg, Kohlenhydrate: 27 g, Ballaststoffe: 8 g, Zucker: 4 g, Protein: 21 g

5. Dutch Oven texanisches Chili

GESAMTKOCHZEIT: 1 STUNDE
PORTIONEN: 6
AUSRÜSTUNG: 12-ZOLL-DUTCH-OFEN

ZUTATEN

2 Pfund Roastbeef
20 Unzen. gehackte Tomaten
1 Zwiebel
1 Esslöffel Oregano
6 Jalapeño-Paprikaschoten, entkernt und gehackt
Salz, 2 Teelöffel
1 Esslöffel Kreuzkümmel
6 Knoblauchzehen, gehackt
4 Esslöffel Chilipulver
Speckfett

RICHTUNGEN

Im Speckfett das Rindfleisch, die Zwiebeln und den Knoblauch anbraten.
Die Jalapenos und die anderen Zutaten hinzufügen und eine Stunde kochen lassen.

ERNÄHRUNG

Kalorien 280; Gesamtfett 15 g, Sa. Fett 6g; Natrium 640 mg; Kohlenhydrate 9g; Ballaststoffe 2g; Gesamtzucker 3 g; Eiweiß 26g

6. **Würziges Pintobohnen- und Wurst-Chili**

GESAMTKOCHZEIT: 1 STUNDE
PORTIONEN: 2,5 QUARTS
AUSRÜSTUNG: 12-ZOLL-DUTCH-OFEN

ZUTATEN

1 Pfund heiße Wurst
1/2 Pfund getrocknete Pintobohnen, gekocht
1 Pfund Hackfleisch
1 Teelöffel Koriander
1 Liter Tomatensaft
2 Zwiebeln, gehackt
Gehackter Knoblauch, 2 Zehen
6 Unzen Tomatenmark
3 Esslöffel Chilipulver
5 Lorbeerblätter
Salz, 1 Teelöffel
Worcestershire-Sauce, 1 Esslöffel
1 Esslöffel Essig
1/2 Teelöffel Kreuzkümmelpulver
1 Teelöffel Pfeffer
1 Teelöffel gemahlener Piment
1 Esslöffel trockener Senf
Prise roter Pfeffer
1 Teelöffel Zimtpulver
einen Schuss scharfe Soße

RICHTUNGEN

Rindfleisch, Zwiebeln und Knoblauch in einem Schmortopf vermischen.
Die anderen Zutaten hinzufügen und 1 Stunde köcheln lassen.
Die gekochten Bohnen hinzufügen und das Lorbeerblatt wegwerfen.

ERNÄHRUNG

Kalorien: 334kcal | Kohlenhydrate: 33g | Protein: 17g | Fett: 15g | Gesättigtes Fett: 4 g

7. Dutch Oven Hackfleisch-Chili

GESAMTKOCHZEIT: 1 STUNDE
PORTIONEN: 6
AUSRÜSTUNG: 12-ZOLL-DUTCH-OFEN

ZUTATEN
1 Pfund rohe Kidneybohnen, gekocht und abgetropft
1 Pfund Hackfleisch
1 Esslöffel Kreuzkümmel
20 Unzen. gehackte Tomaten
2 Esslöffel Chilipulver
1 Zwiebel, gehackt
3 Knoblauchzehen, gehackt
1 Paprika, gehackt
Worcestershire-Sauce, 1 Esslöffel
Salz und Pfeffer
1 Tasse Rotwein

RICHTUNGEN
Knoblauch und Zwiebeln mit dem Hackfleisch anbraten.
Fügen Sie die restlichen Komponenten hinzu.
Zugedeckt bei schwacher Hitze etwa 1 Stunde garen.

ERNÄHRUNG
Kalorien 281; Fett 15 g, gesättigtes Fett 6 g; Kohlenhydrate 10g; Zucker 3g; Eiweiß 25g

8. Dutch Oven Schweinefleisch und grünes Chili

GESAMTKOCHZEIT: 1 STUNDE
PORTIONEN: 6
AUSRÜSTUNG: 12-ZOLL-DUTCH-OFEN

ZUTATEN
2 Selleriestangen, gehackt
2 Tomaten, gehackt
1/2 Tasse Ortega Green Chiles
Schweinefleisch, 2 Pfund
6 Knoblauchzehen, gehackt
3 Esslöffel Jalapeno-Pfeffersauce

RICHTUNGEN
Schweinefleisch in Öl anbraten und dann die restlichen Zutaten hinzufügen.
Fügen Sie ein oder zwei Tassen Wasser hinzu.
Zugedeckt bei schwacher Hitze 1 Stunde garen.

ERNÄHRUNG
Kalorien 492, Fett 16,1 g, gesättigtes Fett 5,1 g, Natrium 442 mg, Kohlenhydrate 10,3 g, Ballaststoffe 2,8 g, Zucker 0,8 g, Protein 71,8 g

9. Chile-Relleno-Auflauf

GESAMTGARZEIT: 45 MINUTEN
PORTIONEN: 6
AUSRÜSTUNG: 12-ZOLL-DUTCH-OFEN

ZUTATEN
3 Esslöffel Mehl
1 Pfund Cheddar-Käse
4 Eier
2 Dosen ganze grüne Chilis
1 Pfund Monterey-Jack-Käse
13 Unzen. Kondensmilch
Salz und Pfeffer

RICHTUNGEN
Den Cheddar-Käse auf die Chilis auf dem Boden eines gefetteten Dutch Oven-Topfes schichten.
Geben Sie Jack's Cheese darüber und gießen Sie dann das geschlagene Eigelb, die Milch, das Mehl, das Salz und den Pfeffer über den Topf.
Bei 325 Grad. 45 Minuten backen

ERNÄHRUNG
Kalorien 421, Fett 33 g, gesättigtes Fett 19 g, Cholesterin 202 mg, Natrium 480 mg, Kohlenhydrate 6 g, Ballaststoffe 1 g, Protein 26 g

Rindfleisch- und Gemüsesuppe

GESAMTGARZEIT: 1 STUNDE 20 MINUTEN
PORTIONEN: 4,5 QUARTS
AUSRÜSTUNG: 12-ZOLL-DUTCH-OFEN

ZUTATEN
16 Unzen. Tomatensauce
1 rote Paprika
1 Teelöffel Salz
1 Kohl, gehackt
15 Unzen. Englische Erbsen
1 Pfund geschmortes Rindfleisch, gewürfelt
1 Teelöffel Pfeffer
7 Tassen Wasser
2 Rindersuppenknochen
4 Kartoffeln, gewürfelt
4 Karotten, gehackt
17 Unzen. Vollkornmais

RICHTUNGEN
Füllen Sie einen Schmortopf mit Wasser, Rindfleisch und Knochen.
Eine Stunde köcheln lassen.
Decken Sie die Pfanne ab und kochen Sie die Rindfleischwürfel eine weitere Stunde lang.
Alles andere hinzufügen, abdecken und 40 Minuten köcheln lassen.
Mais und Erbsen hinzufügen und 40 Minuten kochen lassen.

ERNÄHRUNG
Kalorien 213, Fett 3 g, Kohlenhydrate 25 g, Ballaststoffe 5 g, Protein 22 g

1. Dutch Oven Cowboy-Suppe

GESAMTGARZEIT: 30 MINUTEN
PORTIONEN: 6
AUSRÜSTUNG: 12-ZOLL-DUTCH-OFEN

ZUTATEN
1 Dose Tomaten
1 Dose grüne Bohnen
Kartoffelecken
1 Dose Erbsen
1 Pfund Hackfleisch
1 Dose Mais
Eine Prise Muskatnuss, Salz und Pfeffer
1 Zwiebel
1 Dose gebackene Bohnen
Eine Prise Chilipulver
1 Dose Tomatensuppe
1 Lorbeerblatt

RICHTUNGEN
Hackfleisch und Zwiebeln anbraten, bis sie braun sind.
Alle Zutaten hinzufügen und 30 Minuten kochen lassen.

ERNÄHRUNG
Kalorien: 273, Gesamtfett: 11 g, gesättigtes Fett: 4 g, Natrium: 475 mg, Kohlenhydrate: 25 g, Ballaststoffe: 4 g, Zucker: 6 g, Protein: 20 g

2. Kartoffeln und Brühe

GESAMTGARZEIT: 40 MINUTEN
PORTIONEN: 6
AUSRÜSTUNG: 12-ZOLL-DUTCH-OFEN

ZUTATEN
2 Pfund neue Kartoffeln
6 Tassen Wasser
6 Rinderbrühe

RICHTUNGEN
Die Kartoffeln in das kochende Wasser geben.
Die Brühe hinzufügen und 40 Minuten köcheln lassen.

ERNÄHRUNG
Kalorien 240, Fett 11 g, gesättigtes Fett 5 g, Natrium 299 mg, Kohlenhydrate 29 g, Ballaststoffe 3 g, Protein 8 g

3. Hamburger-Eintopf aus dem holländischen Ofen

GESAMTKOCHZEIT: 1 STUNDE
PORTIONEN: 10 - 12
AUSRÜSTUNG: 12-ZOLL-DUTCH-OFEN

ZUTATEN
1 Dose Kekse
2 Pfund Hackfleisch
1 Zwiebel
2 Knoblauchzehen; gehackt
28 Unzen. zerdrückte Tomaten
2 Kartoffeln, gehackt
2 Stangen Sellerie
2 Tassen Wasser
Salz und Pfeffer
2 Karotten, gehackt

RICHTUNGEN
Das Fleisch mit der Zwiebel und dem Knoblauch im Schmortopf anbraten.
Tomaten und Gemüse hinzufügen.
45 Minuten kochen lassen und dann die Cracker für weitere 20 Minuten auf den Eintopf legen.

ERNÄHRUNG
Kalorien 242, Fett 3,7 g, Natrium 367,2 mg, Kohlenhydrate 23 g, Zucker 7,2 g, Protein 27,8 g

4. Lasagnesuppe aus dem holländischen Ofen

GESAMTGARZEIT: 15 MINUTEN
PORTIONEN: 8
AUSRÜSTUNG: 12-ZOLL-DUTCH-OFEN

ZUTATEN

Tomatenmark, 2 Esslöffel
2 Pfund italienische Wurst
4 Knoblauchzehen; gehackt
2 Zwiebeln, gehackt
2 Teelöffel Oregano
1 Teelöffel rote Paprikaflocken
6 Tassen Hühnerbrühe
8 Unzen. Fusilli
2 Teelöffel Olivenöl
Prise Salz und Pfeffer
3 Tassen geriebener Mozzarella-Käse
28 Unzen. Dose gewürfelte Tomaten
2 Lorbeerblätter
1 Tasse Basilikum
1 Tasse geriebener Parmesankäse
8 Unzen Ricotta-Käse

RICHTUNGEN

Zwiebeln und Fleisch in einem Schmortopf in etwas Öl anbraten.
Flocken, Oregano und Knoblauch hinzufügen und eine Minute kochen lassen.
Nach Zugabe der Tomaten, der Brühe und der Lorbeerblätter zum Kochen bringen.
Nudeln und Basilikum dazugeben; Mit Salz und Pfeffer würzen und weitere 15 Minuten kochen lassen.
Den Käse in einer Schüssel vermischen.
Geben Sie 2 Esslöffel der Ricotta-Mischung auf den Boden der Schüssel, geben Sie Mozzarella darauf und schöpfen Sie die Suppe darüber.

ERNÄHRUNG

Kalorien: 493 kcal, Kohlenhydrate: 43 g, Protein: 30 g, Fett: 23 g, gesättigtes Fett: 9 g, Ballaststoffe: 4 g, Zucker: 7 g

85.   Dutch Oven Chili

GESAMTKOCHZEIT: 1 STUNDE
PORTIONEN: 6
AUSRÜSTUNG: 12-ZOLL-DUTCH-OFEN

ZUTATEN

2 Pfund rundes Steak ohne Knochen, gewürfelt
8-Unzen-Dose Tomatensauce
1 Pfund Schweinefleisch, gewürfelt
1 Teelöffel schwarzer Pfeffer
1 Esslöffel Pflanzenöl
1/3 Tasse Chilipulver
1 Tasse Zwiebel, gewürfelt
1 Teelöffel gemahlener Salbei
1 Esslöffel Paprika
28-Unzen-Dosen Rinderbrühe
2 Teelöffel Knoblauchpulver
1 Teelöffel brauner Zucker
2 Esslöffel Kreuzkümmel
1 Teelöffel Thymian
1 Teelöffel trockener Senf

RICHTUNGEN

Erhitze das Öl; Geben Sie das Rind- und Schweinefleisch in den Schmortopf.
Kochen, bis es braun ist.
Pfeffer hinzufügen. Rinderbrühe und Tomatensauce hinzufügen und dann köcheln lassen.
Chilipulver, trockenen Senf, Zwiebel, Kreuzkümmel, Paprika, braunen Zucker und Knoblauchpulver hinzufügen.
1 Stunde kochen lassen oder bis das Fleisch extrem weich ist.

ERNÄHRUNG

Kalorien 280; Gesamtfett 15 g, Sa. Fett 6g; Natrium 640 mg; Kohlenhydrate 9g; Ballaststoffe 2g; Gesamtzucker 3 g; Eiweiß 26g

86.   Rotes und grünes Chili aus dem Dutch Oven

GESAMTKOCHZEIT: 1 STUNDE
PORTIONEN: 10 - 12
AUSRÜSTUNG: 12-ZOLL-DUTCH-OFEN

ZUTATEN
1 Tasse Wasser
2 Pfund Steak, gewürfelt
3 Esslöffel Chilipulver
Gehackter Knoblauch, 2 Zehen
2 Teelöffel schwarzer Pfeffer
Salz, 1 Teelöffel
3 28-Unzen-Dosen Kidneybohnen
1 Teelöffel Oregano
1 Zwiebel, gehackt
28-Unzen-Dose zerdrückte Tomaten
3 7-Unzen-Dosen gewürfeltes grünes Chili
1 Dose Tomatenmark

RICHTUNGEN
Die ersten acht Zutaten sollten in einem Beutel mit Reißverschluss vermischt und im Kühlschrank aufbewahrt werden.
Alles in einer Pfanne anbraten und 30 Minuten köcheln lassen.

ERNÄHRUNG
Kalorien 278; Fett 15 g, gesättigtes Fett 6 g; Kohlenhydrate 10g; Ballaststoffe 2g; Eiweiß 26g

87. Niederländische gebackene Hühnchenpastete

GESAMTGARZEIT: 45 MINUTEN
PORTIONEN: 6
AUSRÜSTUNG: 12-ZOLL-DUTCH-OFEN

ZUTATEN

2 Teelöffel Geflügelgewürz
1 Zwiebel, gewürfelt
4 Kartoffeln, gewürfelt
4 Esslöffel Öl
1 Tube gekühlte Hörnchen
Milch, 1 Tasse
1/4 Tasse Mehl
2 Teelöffel gehackter Knoblauch
2 Dosen Hühnercreme
3 Pfund Hähnchenbrustfleisch, gewürfelt
1 Pfund gemischtes Gemüse

RICHTUNGEN

Kochen und rühren Sie das Huhn und den Knoblauch um, bis das Huhn zart ist.
Fügen Sie die Kartoffeln und Zwiebeln zum Huhn hinzu und lassen Sie es 10 Minuten lang anbraten.
Fügen Sie der Hühnermischung alle Zutaten außer den Hörnchen hinzu; zum Kochen bringen.
Hörnchen auf die Hähnchenmischung legen.
Bei 350 Grad Fahrenheit mit Deckel auf dem Schmortopf backen.
Wenn die Brötchen goldbraun und krümelig sind, ist der Pot Pie fertig.

ERNÄHRUNG

Kalorien: 255 kcal, Kohlenhydrate: 34 g, Protein: 7 g, Fett: 11 g, gesättigtes Fett: 7 g, Ballaststoffe: 3 g, Zucker: 3 g

88. Kartoffelsuppe

GESAMTKOCHZEIT: 25 MINUTEN
PORTIONEN: 4
AUSRÜSTUNG: 12-ZOLL-DUTCH-OFEN

ZUTATEN

2 Tassen Milch
6 Rippen Sellerie, gehackt
Salz, 1 Teelöffel
6 Esslöffel Butter, gewürfelt
8 Tassen Hühnerbrühe
2 Karotten, gehackt
1 Zwiebel, gewürfelt
6 Esslöffel Allzweckmehl
6 Kartoffeln, geschält und gewürfelt
1 Teelöffel Pfeffer

RICHTUNGEN

Kochen Sie Kartoffeln, Karotten und Sellerie in Wasser in einem Schmortopf 20 Minuten lang oder bis sie weich sind.
Flüssigkeit und Gemüse abgießen und beiseite stellen.
Die Zwiebel in Butter anbraten und dann Mehl, Salz, Milch und Pfeffer untermischen.
Unter regelmäßigem Rühren 2 Minuten kochen lassen.
Das gekochte Gemüse und die zurückbehaltene Kochflüssigkeit hinzufügen.

ERNÄHRUNG

Kalorien: 280,6, Fett: 604 g, gesättigtes Fett: 3,2 g. Natrium: 445,9 mg, Kohlenhydrate: 46,1 g, Ballaststoffe: 3,7 g, Protein: 11,1 g

89. Hummerbiskuit aus dem holländischen Ofen

GESAMTGARZEIT: 15 MINUTEN
PORTIONEN: 4
AUSRÜSTUNG: 12-ZOLL-DUTCH-OFEN

ZUTATEN

1 Zwiebel, gehackt
5 Esslöffel Butter
3 grüne Lauchstangen, in Scheiben geschnitten
1 Tasse Hummer, zerkleinert
2 Karotten, geschält, gewürfelt
2 Tassen Muschelsaft
3 Tassen geteilte Hummerschalen und -schwänze
1 Tomate, entkernt, geschält und gehackt
4 Esslöffel Mehl
1 Tasse Austern

RICHTUNGEN

Lauch, Zwiebeln, Tomaten und Karotten in etwas Butter anbraten.
Hummerschalen und Austernflüssigkeit hinzufügen und 45 Minuten köcheln lassen.
Nehmen Sie die Schalen ab und entsorgen Sie sie.
4 Esslöffel Butter und 4 Esslöffel Mehl kochen, bis eine hellbraune Farbe entsteht.
Füllen Sie den Ofen erneut miteinigeDie Flüssigkeit dazugeben und gut verrühren.
Unter kräftigem Rühren die restliche Flüssigkeit hinzufügen; zum Kochen bringen.
Austern, Gemüse und Hummerfleisch hinzufügen und bei schwacher Hitze etwa 10 Minuten kochen lassen.

ERNÄHRUNG

Kalorien: 224kcal | Kohlenhydrate: 9g | Protein: 8g | Fett: 16g | Gesättigtes Fett: 8g | Cholesterin: 85 mg | Natrium: 475 mg

NACHSPEISEN

0. Umgedrehter Ananaskuchen

GESAMTKOCHZEIT: 1 STUNDE
PORTIONEN: 8
AUSRÜSTUNG: 12-ZOLL-DUTCH-OFEN &ALUMINIUMFOLIE

ZUTATEN:
1 ½ Teelöffel Backpulver
6 Scheiben Ananas
2/3 Tasse brauner Zucker
½ Teelöffel Salz
1/3 Tasse Butter
Milch, 1 Tasse
8-10 Maraschino-Kirschen
Vanille, 1 Teelöffel
1 Ei
1 ¼ Tasse Mehl
1 Tasse Zucker

RICHTUNGEN
Wickeln Sie Alufolie um den Dutch Oven.
Stellen Sie den Ofen auf 350 Grad Fahrenheit ein.
Die Butter im Ofen schmelzen und dann braunen Zucker über die Butter geben.
Ananasscheiben und Ananasringkirschen auf einer Butter-Zucker-Mischung anrichten.
Die restlichen Zutaten mischen und 3 Minuten lang schlagen, bis eine glatte Masse entsteht.
Teig auf das Ananas-Topping schichten.
50 Minuten über Holzkohle auf der Unter- und Oberseite backen.

ERNÄHRUNG
Kalorien 367, Fett 14 g Gramm, gesättigtes Fett 3,4 g Gramm, Kohlenhydrate 58 g Gramm, Ballaststoffe 0,9 g Gramm, Protein 4 g

1. Dutch Oven Dump-Kuchen

GESAMTKOCHZEIT: 25 MINUTEN
PORTIONEN: 6
AUSRÜSTUNG: 10-ZOLL-DUTCH-OFEN

ZUTATEN:
½ Tasse Butter
21-Unzen-Dose Obstkuchenfüllung Ihrer Wahl
1 Schachtel Kuchenmischung mit Fruchtfüllung
12-Unzen-Dose Zitronen-Limetten-Soda

RICHTUNGEN
Wickeln Sie Aluminiumfolie um Ihren Ofen.
Butter in einem holländischen Ofen schmelzen; Fügen Sie die Tortenfüllung hinzu und streuen Sie dann die Tortenmischung darüber.
25 Minuten mit der Soda oben drauf backen.

ERNÄHRUNG
Kalorien 574, Fett 24 g, gesättigtes Fett 11 g, Natrium 764 mg, Kohlenhydrate 87 g, Ballaststoffe 4 g, Protein 1 g

2. Dutch Oven Apfelkeks-Cobbler

GESAMTGARZEIT: 35 MINUTEN
PORTIONEN: 6
AUSRÜSTUNG: 12-ZOLL-DUTCH-OFEN

TEIGKRUST:
2 Tassen Mehl
1 Esslöffel Milch
Zucker, 1 Tasse
Butter, 1/3 Tasse
Backpulver, 1¼ Teelöffel
1 geschlagenes Ei
¼ Teelöffel Salz

½ Teelöffel Vanille
FÜLLUNG:
1-1/2 Teelöffel Zimt
6 Tassen geschnittene und geschälte Äpfel
1 Tasse brauner Zucker
Prise Muskatnuss
2 Esslöffel Mehl
½ Esslöffel Zitronensaft

RICHTUNGEN
Zucker und Butter vermischen.
Ei, Milch und Vanille unterrühren.
Die trockenen Zutaten zusammen sieben.
Die cremige Mischung einarbeiten.
Zucker und Zimt vermischen.
Über den Teig streuen; 35 Minuten backen oder bis es goldbraun ist.
Mit Schlagsahne belegen.
ERNÄHRUNG
Kalorien. 430; Fett. 11,44 g; Kohlenhydrate. 79,07 g; Eiweiß. 4,97 g

3. Einfach Dutch Oven-Schokoladenkuchen

GESAMTKOCHZEIT: 1 STUNDE
PORTIONEN: 8
AUSRÜSTUNG: 12-ZOLL-DUTCH-OFEN

ZUTATEN:
2/3 Tasse Pflanzenöl
Schokoladenstückchen
2 Tassen Zucker
3 Tassen Mehl
2 Tassen kaltes Wasser
Puderzucker
Salz, 1 Teelöffel
2 Esslöffel Essig
½ Tasse Kakao
2 Teelöffel Backpulver

RICHTUNGEN
Die trockenen Zutaten vermischen und anschließend die restlichen Zutaten gründlich untermischen.
Die Holländer einfetten und mit Mehl bestäuben, dann den Kuchenteig einfüllen und mit Schokoladenstückchen belegen. Benutzen Sie 10 Kohlen unten und 17 Kohlen oben für 40 Minuten im Ofen.
Nach 20 Minuten vom Herd nehmen und nur noch oben fertig backen.
Vor dem Servieren mit Puderzucker bestäuben.

ERNÄHRUNG
510 Kalorien, 243 g Fett, 15 g gesättigtes Fett, 68 g Kohlenhydrate und 7 g Protein.

4. Pfirsich-Dessert aus dem Dutch Oven

GESAMTGARZEIT: 35 MINUTEN
PORTIONEN: 6
AUSRÜSTUNG: 12-ZOLL-DUTCH-OFEN

ZUTATEN:

2/3 Tasse Butter
2 Teelöffel Vanille
3 Tassen Mehl
1 Tasse Zucker
3 Teelöffel Backpulver
2 - 16 Unzen Dosenpfirsiche,
1 Tasse brauner Zucker
2 Eier
Salz, 1 Teelöffel
1 ½ Tasse Milch

RICHTUNGEN

Decken Sie den Dutch Oven mit Alufolie ab.
Geben Sie die abgetropften Pfirsiche auf den Boden des Dutch Oven.
Den Teig untermischen.
35 Minuten auf 8 Kohlen unten und 16 Kohlen oben mit Deckel backen.

ERNÄHRUNG

Kalorien: 357 | Kohlenhydrate: 52g | Protein: 4g | Fett: 16g

5. **Apfelchips aus dem Dutch Oven**

GESAMTE KOCHZEIT: 20 MINUTEN
PORTIONEN: 6
AUSRÜSTUNG: 12-ZOLL-DUTCH-OFEN

ZUTATEN:
Haferflocken, 1 Tasse
½ Tasse brauner Zucker
2 Esslöffel Honig
2 Teelöffel Zimt
Apfelkuchenfüllung, 4 Dosen
1 Teelöffel Zitronensaft
Prise Muskatnuss

RICHTUNGEN
Die Apfelkuchenfüllung im Ofen köcheln lassen.
Honig und Zitronensaft über die Füllung gießen.
Trockene Zutaten vermischen und auf den Äpfeln verteilen.
20 Minuten kochen, bis die Haferflocken goldbraun sind.

ERNÄHRUNG
Kalorien. 430; Fett. 11,44 g; Kohlenhydrate. 79,07 g; Eiweiß. 4,97 g

6. Brombeerpudding aus dem holländischen Ofen

GESAMTGARZEIT: 45 MINUTEN
PORTIONEN: 10 - 12
AUSRÜSTUNG: 12-ZOLL-DUTCH-OFEN

ZUTATEN
Kochendes Wasser, 2 Tassen
Mehl, 2 Tassen
Backpulver, 2 Teelöffel
Milch, 1 Tasse
Butter, 1/3 Tasse
2 Tassen Zucker
Salz, 1 Teelöffel
2 Tassen Brombeeren

RICHTUNGEN
Zucker und Butter schaumig schlagen.
Mehl, Salz und Backpulver zusammen sieben; Dann zusammen mit der Milch zum Zucker und zur Buttercreme geben.
Alles vermischen und in einen Dutch Oven gießen.
Streuen Sie die Brombeeren darüber und gießen Sie das heiße Wasser über die Mischung.
Bei 350 Grad etwa 45 Minuten backen, bis die Oberfläche goldbraun ist.

ERNÄHRUNG
250 Kalorien, Fett: 10 g, gesättigtes Fett: 6 g, Kohlenhydrate: 37 g, Ballaststoffe: 2 g, Zucker: 21 g, Protein: 1 g

7. Dutch Oven-Ananas-Upside-Kuchen

GESAMTGARZEIT: 40 MINUTEN
PORTIONEN: 10 - 12
AUSRÜSTUNG: 12-ZOLL-DUTCH-OFEN

ZUTATEN
1 Glas Maraschino-Kirschen
Brauner Zucker, 1/2 Tasse
8-Unzen-Dose Ananas, in Scheiben geschnitten
Antihaftspray
1 Packung Kuchenmischung

RICHTUNGEN
Den Kuchen nach Packungsanleitung backen.
Das Innere des Ofens bedecken und die Ananas auf dem Boden des Schmortopfs anordnen.
Kirschen in der Mitte der Ananasscheiben anordnen.
Über die Früchte sollte brauner Zucker gestreut werden.
40 Minuten abgedeckt backen.
Drehen Sie den Dutch Oven auf einen Teller.

ERNÄHRUNG
Kalorien 188, Protein 4 g, Ballaststoffe2g

8. Obstschuster im Dutch Oven

GESAMTGARZEIT: 40 MINUTEN
PORTIONEN: 8
AUSRÜSTUNG: 12-ZOLL-DUTCH-OFEN

ZUTATEN
½ Stück Butter, in Scheiben geschnitten
1 Schachtel Kuchenmischung
Zucker
Obst nach Wahl

RICHTUNGEN
Den Schmortopf leicht einölen und zu 2/3 mit gehackten Früchten füllen.
Mit Zucker bestreuen.
Kuchenmischung zu den Früchten geben.
Geben Sie mehrere Kleckse Butter in die Kuchenmischung.
Etwa 40 Minuten backen.

ERNÄHRUNG
Kalorien. 430; Fett. 11,44 g; Kohlenhydrate. 79,07 g; Eiweiß. 4,97 g

9. Dutch Oven Drei-Schokoladen-Kuchen

GESAMTGARZEIT: 28 MINUTEN
PORTIONEN: 10 - 12
AUSRÜSTUNG: 12-ZOLL-DUTCH-OFEN

ZUTATEN
12-Unzen-Schokoladenstückchen
1 Schokoladenkuchenmischung
1 Packung Schokoladenpudding

RICHTUNGEN
Bereiten Sie die Kuchenmischung gemäß den Anweisungen in der Packung zu.
Puddingmischung und Schokoladenstückchen hinzufügen und in einen vorgeheizten Schmortopf geben.
Etwa 28 Minuten backen.

ERNÄHRUNG
512 Kalorien, 20 g Fett, 11 g gesättigtes Fett, 68 g Kohlenhydrate und 7 g Protein.

00.   Dutch Oven Fruit Crisp

GESAMTGARZEIT: 40 MINUTEN
PORTIONEN: 10 - 12
AUSRÜSTUNG: 12-ZOLL-DUTCH-OFEN

ZUTATEN
FRUCHT:
Zimt, 1 Teelöffel
1 Teelöffel Zitronenschale
1 ½ Esslöffel Zitronensaft
Muskatnuss, 1 Teelöffel
3 Pfund Obst, gehackt
ABDECKUNGSMISCHUNG:
1 Teelöffel Zimt
1 Tasse schnell kochende Haferflocken
Brauner Zucker, 1 Tasse
½ Tasse Mehl
1 Stück Butter, geschmolzen
½ Teelöffel Muskatnuss

RICHTUNGEN
Ölen Sie den Dutch Oven leicht ein.
Zimt und Muskatnuss über die Früchte streuen.
Die Butter schmelzen und Haferflocken, Mehl und Zucker hinzufügen.
Die Früchte mit dem Topping bedecken
40 Minuten backen

ERNÄHRUNG
Kalorien. 430; Fett. 11,44 g; Kohlenhydrate. 79,07 g; Eiweiß. 4,97 g

ABSCHLUSS

Dies ist das ultimative Kochbuch für langsam gegarte Eintopfgerichte, die einfach, lecker und beruhigend sind – für die Feiertage und das ganze Jahr.
Genießen.

www.ingramcontent.com/pod-product-compliance
Lightning Source LLC
Chambersburg PA
CBHW050344120526
44590CB00015B/1559